教育部人文社会科学研究项目
项目批准号：11YJC820145

南海油气资源合作与开发的制度及实践研究

NANHAI YOUQI ZIYUAN HEZUO YU KAIFA DE ZHIDU JI SHIJIAN YANJIU

许浩 著

图书在版编目（CIP）数据

南海油气资源合作与开发的制度及实践研究/许浩著 .—广州：华南理工大学出版社，2017.12
ISBN 978-7-5623-5500-7

Ⅰ. ①南… Ⅱ. ①许… Ⅲ. ①南海－油气资源－资源开发－国际合作－研究 Ⅳ. ①F426.22

中国版本图书馆 CIP 数据核字（2017）第 315462 号

南海油气资源合作与开发的制度及实践研究
许浩　著

出 版 人：	卢家明
出版发行：	华南理工大学出版社
	（广州五山华南理工大学 17 号楼，邮编 510640）
	http：//www.scutpress.com.cn　　E-mail：scutc13@scut.edu.cn
	营销部电话：020-87113487　87111048（传真）
策划编辑：	罗月花
责任编辑：	罗月花
印 刷 者：	广州永祥印务有限公司
开　　本：	787mm×1092mm　1/16　印张：10.25　字数：199 千
版　　次：	2017 年 12 月第 1 版　2017 年 12 月第 1 次印刷
定　　价：	36.00 元

版权所有　盗版必究　　印装差错　负责调换

前　　言

　　南海问题研究是近年的学术热点，自从2013年国家提出21世纪海上丝绸之路建设以来，南海问题解决出路有了新的走向，能源安全是海上丝路建设的核心内容。我们是否可以通过能源合作，回应周边国家对能源的期待，为区域安全和经济发展提供更多的公共产品，推动海洋油气资源的合作开发，构建一种有利于维护国家利益的合作开发机制，化解周边国家对我们的认知偏差和误解，进而缓和南海的纠纷和矛盾？这一思路在我已经结项的教育部课题"南海油气资源合作与开发的制度及实践研究"中作了较为深入的阐述，脉络清晰。该课题结项已有三年了，其间南海问题一波三折。我个人又经历外出访学和扶贫挂职等事务，出书之事推迟至今。

　　南海地缘位置重要，域外大国虎视眈眈。我国在南海的油气资源开发既是维护自身海洋权益、深化能源安全战略的必然要求，也是主动作为、开辟解决南海争议新途径的必然要求。南海油气资源合作开发就是我国与周边邻国在海上资源的博弈，涉及领土主权、主权权利性和海洋资源利益，对各国而言都是牵一发而动全身的问题。对待领土主权我们当然毫不让步，对资源产权我们可以适当妥协。为了缓和南海局势，形成有效的南海油气资源合作开发制度，我们"与邻为伴，与邻为善"，但要互让互谅，才能实现互利共赢。海上油气资源合作开发的国际实践表明，在自愿基础上的协商一致，经济利益是谈判的筹码，合作是相互妥协、相互平衡的博弈，合作利益的分配可以灵活多样。如2001年澳大利亚为了推进与东帝汶海上合作开发，在共同开发区的利益分配比例上做了较大让步，由原来的50∶50变成10∶90。适当的经济让步与坚持主权平等并不矛盾，但是只要合作的障碍因素没有消除，争议各方的博弈仍会继续。

　　本书的内容结构分为五部分，一是南海油气资源开发问题及现状；二是南海油气资源合作开发制度的博弈理论建构；三是争议性海域合作开发制度的国际实践；四是南海油气资源合作开发制度设计；五是南海油气资源合作开发的战略对策。研究内容对于维护我国南海权益、保障国家能源安全、促进区域合作发展等方面具有一定的参考价值，部分观点已被有关涉海部门采纳运用。

在本书写作过程中，为了广泛收集资料，作者曾得到了中国南海研究院、广西社会科学院、武汉大学边界与海洋研究院等单位帮助，在此鸣谢。书稿在出版校对过程中，海军91388部队原研究员许德勤、南海舰队原副参谋长王予亦少将曾审阅部分章节，华南理工大学出版社罗月花编审提出宝贵的修改意见，在此一并感谢。

逢本书付梓之际，我挂任广东徐闻县副县长。徐闻地处祖国最南端，既是汉代海上丝绸之路始发港，又是今天对接南海维权和油气资源开发的后方基地。谨以此书献给勤劳淳雅的徐闻人民！

目 录

1 南海油气资源开发问题及现状 ……………………………………………… (1)
  1.1 南海资源开发与利用的主权溯源 ………………………………………… (1)
    1.1.1 南海资源的早期开发与"先占"产权的出现 ………………………… (2)
    1.1.2 民国时期中国的南海资源产权维护 ………………………………… (2)
    1.1.3 中华人民共和国成立后南海资源的产权之路 ……………………… (3)
  1.2 南海油气资源开发的问题 ………………………………………………… (4)
    1.2.1 争议性海域开发的阶段演进 ………………………………………… (4)
    1.2.2 南海油气资源利益与产权争端 ……………………………………… (6)
  1.3 南海油气资源分布与南海周边国家开发现状 …………………………… (8)
    1.3.1 南海油气资源储量与分布 …………………………………………… (8)
    1.3.2 南海周边国家的能源需求及其油气资源开发能力总体判断 …… (13)
    1.3.3 越南南海油气资源开发状况 ………………………………………… (16)
    1.3.4 马来西亚南海油气资源开发状况 …………………………………… (19)
    1.3.5 菲律宾南海油气资源开发状况 ……………………………………… (22)
    1.3.6 印度尼西亚南海油气资源开发状况 ………………………………… (25)
    1.3.7 文莱南海油气资源开发状况 ………………………………………… (26)
  1.4 中国南海政策的历史嬗变及南海资源开发 ……………………………… (27)
    1.4.1 中国南海政策的历史嬗变 …………………………………………… (27)
    1.4.2 中国解决南海问题的基本方针 ……………………………………… (28)
    1.4.3 中国对南海油气资源开发的参与 …………………………………… (29)
    1.4.4 中国南海油气资源的开发实践 ……………………………………… (31)
    1.4.5 中国南海油气资源开发的困局与合作可能 ………………………… (33)

2 南海油气资源合作开发制度的博弈理论建构 ……………………………… (36)
  2.1 南海油气资源开发的非合作博弈与合作博弈分析 ……………………… (36)

     2.1.1 南海油气资源开发的纯策略博弈描述……………………………（36）
     2.1.2 南海油气资源开发的混合策略博弈描述…………………………（37）
     2.1.3 哈萨姆·加拉对合作开发的阐释…………………………………（40）
     2.1.4 合作开发可行性的博弈论解释…………………………………（41）
  2.2 基于博弈论视角的南海油气资源开发的现实分析…………………（42）
     2.2.1 我国南海油气资源正被周边国家不断侵蚀……………………（42）
     2.2.2 我国对南海油气资源合作开发的努力…………………………（43）
     2.2.3 未来南海油气资源合作开发面临的变数………………………（44）
  2.3 未来南海油气资源合作开发博弈的发展走向及策略反馈…………（47）
     2.3.1 未来南海油气资源合作开发的走向趋势………………………（47）
     2.3.2 未来实现南海油气资源合作开发的博弈策略反馈……………（48）
  2.4 南海地缘政治与南海周边国家的南海政策…………………………（51）
     2.4.1 中国拥有南海主权的重要证据…………………………………（51）
     2.4.2 南海周边国家的南海政策及其影响……………………………（53）
     2.4.3 区域外国家的南海政策及其对南海格局的影响………………（55）
     2.4.4 南海问题与21世纪海上丝绸之路建设…………………………（61）

3 争议性海域合作开发制度的国际实践…………………………………（64）
  3.1 争议性海域共同开发概述……………………………………………（64）
     3.1.1 共同开发的定义…………………………………………………（64）
     3.1.2 共同开发的相关概述……………………………………………（65）
     3.1.3 狭义合作开发与共同开发在法律上的异同……………………（66）
  3.2 合作开发案例分析……………………………………………………（68）
     3.2.1 波斯湾争议海域合作开发案例…………………………………（69）
     3.2.2 东南亚国家合作开发争议海域案例……………………………（71）
  3.3 争议性海域合作开发制度国际实践的启示…………………………（83）
     3.3.1 合作开发区的划定………………………………………………（83）
     3.3.2 合作开发区的管理模式…………………………………………（84）
     3.3.3 合作开发区的税收制度…………………………………………（84）
     3.3.4 合作开发区的收益分配制度……………………………………（85）
     3.3.5 合作开发区内法律适用…………………………………………（85）

目 录

4 南海油气资源合作开发制度设计 (86)
4.1 南海油气资源合作开发制度设计的法理基础 (86)
  4.1.1 合作开发制度的法律特征 (86)
  4.1.2 合作开发制度的法律地位 (87)
  4.1.3 合作开发制度的法律依据 (89)
  4.1.4 争议海域油气资源合作开发的基本原则 (90)
4.2 我国油气资源合作开发制度实践梳理 (94)
  4.2.1 中日两国在东海的合作开发制度实践借鉴 (94)
  4.2.2 中国与南海周边国家合作开发实践回顾 (95)
  4.2.3 中国在南海合作开发制度实践的效果评价 (97)
4.3 南海油气资源合作开发主体制度选择 (103)
  4.3.1 南海油气资源合作开发管理制度选择 (103)
  4.3.2 南海油气资源合作开发合同制度框架 (109)
  4.3.3 南海油气资源合作开发法律制度设计 (116)
4.4 南海油气资源合作开发的效益分析 (120)
  4.4.1 南海油气资源合作开发的收益分析 (120)
  4.4.2 南海油气资源合作开发的成本风险 (123)
  4.4.3 南海油气资源合作开发的制度效益改进 (127)
4.5 南海油气资源合作开发模式中其他考量问题 (129)
  4.5.1 岛礁主权和划界问题的立场 (129)
  4.5.2 南海油气资源合作开发区的范围划定 (131)
  4.5.3 南海油气资源合作开发的先存权处理 (133)
  4.5.4 南海油气资源合作开发的主体适格性判定 (134)
  4.5.5 对各方主权或划界立场第三方的处理 (136)

5 南海油气资源合作开发的战略对策 (138)
5.1 完善我国南海主张与立法,构建合作开发法律机制 (139)
5.2 发展海洋力量,加强海上执法力度 (143)
5.3 积极发展海洋油气资源勘探开发技术 (144)
5.4 发挥琼雷地区在南海油气资源合作开发中的重要作用 (145)

参考文献 (147)

1 南海油气资源开发问题及现状

1.1 南海资源开发与利用的主权溯源

早在2500年前,希腊海洋学者狄米斯托克利就曾预言:"谁控制了海洋,谁就控制了一切。"此言说明海洋资源对一个国家和地区发展的重要性。世界工业化进程的粗放型经济增长推进了人口爆炸和能源短缺,"资源性稀缺"无疑使很多国家都把眼光投放在了人类越来越依赖的海洋。例如,1960年,世界上只有12个国家在海上采油,产油量1.9亿吨,占石油总产量的9.2%。而现在,几乎所有的濒海国都行动起来,积极开发海上石油资源。据不完全统计,全世界现今海上钻井数量达3万多口,产量已占石油总产量的1/5强,产值超过2000亿美元,占海洋经济总产值的70%以上。正是海洋资源的稀缺和经济利益的驱动,推动了海洋产权争端的兴起,而这种争端更多地来源于海洋产权天然的模糊性、史料的不完备性和对史实认知的偏差。海洋产权争端的解决无非在于产权主体的明晰化,在明晰的产权主体中有序地建立一种利益的分享机制。

据有关数据显示,南海蕴藏着极其丰富的石油和天然气,除此之外,南海还储藏有大量的"可燃冰",这是继石油与天然气之后的新能源。南海由于其特殊的地理区位及历史沿革,一直是多种国际力量交汇的场所。在经济全球化发展的推动下,加之受资源和环境的双重约束,其争端的国际化和复杂化倾向日益明显。为了经济发展前景和既得利益,相关各国都加强对南海的涉足力度。南海争议主要体现在两个方面:一是岛礁主权归属问题,二是海域的划界。这都折射出了各利益方在资源、能源、安全等领域的角逐,而资源之争尤其是油气资源之争成为南海争端的焦点。国际惯例从以下几方面衡量一个国家对海洋区域资源的主权享有:一是有史料证明这种资源的区域是其最早发现的;二是已经在该区域进行充分经济开发活动的;三是通过各种手段实际管辖和行使主权的。这也是中国有序解决南海问题的三步走战略。

1.1.1 南海资源的早期开发与"先占"产权的出现

"南海"的概念在先秦时期是一种泛指，因时因地不同而有所不同，一般认为可指南方之海，包括今天东海或南海。先秦时期，北方诸国将荆楚之地视为南方，因而位于其东部的海也被称为南海，也就是把现今浙江绍兴、杭州东面的海也叫"南海"。《诗·大雅·江汉》有记载"于疆于理，至于南海"，从当时淮夷分布的中下游推测来看，当时文中所指的南海可能是今天的东海。在秦始皇三十三年（公元前214年），秦王朝统一岭南地区，并在那里设立了南海郡。古代南海的位置已相当于现在的南海海域。公元前111年，汉武帝在海南岛设郡，履行对南沙群岛的管辖，开始派出地方官员巡视南海。宋代时，中国人的涉海活动范围在当时已经达到东沙群岛和西沙群岛，这也标志着中国南海疆域范围的雏形已经初现。明代时，中国人在南海诸岛上更是活动频繁，岛上仍存留着当年中国渔民所建的古庙遗存。明代就广泛流传的《更路簿》手抄本，记载了我国渔民开发南海的活动和经验。从史地角度看，在南海诸岛的问题上中国比其他任何国家都享有更充分的历史依据。南海诸岛的许多地方原来一直是"无主地"，当中国人在发现南海诸岛之后，历朝政府都对南海诸岛进行一定程度的开发经营，并行使管辖权，从唐、宋、明，一直延续到清朝。此时的南沙群岛已经成为越南、菲律宾、马来西亚、文莱等国的"禁取地"。即便是退一步来说，从最晚的清代算起，迄今已300多年，从而满足了国际惯例中"先占"的条件，中国对南沙群岛获有充分的"发现权"，这是越南、菲律宾、马来西亚等南海周边国家所无法比拟的。

无论从历史的追溯，还是从文物的佐证和书籍的记载，南海诸岛是中国的领土，这都无可辩驳。中国在南海地区以九条断续国界线为标志的"历史性所有权"是一个长期存在的客观事实，但我们实际拥有的南海岛礁数量非常有限。

1.1.2 民国时期中国的南海资源产权维护

1933年6月，民国政府由内政部、外交部、参谋本部、海军部及教育部等官方机构联合成立了一个"水陆地图审查委员会"，开始对南海及周边的各岛礁中英岛名进行审定，第一次公布"关于我国南海诸岛各岛屿中英地名对照表"，这是中国政府对南海诸岛的第一次"标准化"命名，并首次将南海诸岛划分为东沙群岛、西沙群岛、中沙群岛、南沙群岛4个群岛，同时列出了南海诸岛132个岛礁滩洲的地名。1948年2月，民国政府内政部公布了《中华民国行政区域图》，该图上清晰标示了南海诸岛名称和11段断续线。这条断续线最初标注十一段，1953年去掉了中国海南岛和越南之间的两段，称为"九段线"。这条线当初大体上是中国南海诸岛最外缘的岛、礁或暗沙与周边国家海岸之间的中间线。

第二次世界大战结束后，根据《波茨坦公告》和《开罗宣言》，中国政府接收了西沙群岛，并对建设西沙群岛做了规划，重新建立了主权碑，并在太平岛驻军队和设立渔民服务站。

1.1.3　中华人民共和国成立后南海资源的产权之路

1949年6月，中国政府公布《海南特别行政长官公署组织条例》，第一条规定："海南特别区包括东沙、中沙、西沙、南沙诸群岛，大小礁、滩、沙洲、暗礁，均改属海南特别区，仍由海军代管。"1949年10月1日中华人民共和国成立后，立即宣示了对南海诸岛的主权。

1950年，菲律宾总统季里诺对南海诸岛问题提出挑衅，认为南沙群岛属于菲律宾。1951年8月15日，周恩来总理发表声明称："中华人民共和国在南威岛和西沙群岛拥有不可侵犯的主权，不论英美对日和约有无规定及如何规定，均不受影响。"1952年，日本政府宣布放弃对南海诸岛的权利，并正式交还给中国。1956年，菲律宾又制造了"自由地群岛"事件。这在当时就引起了中国政府的强烈抗议，认为中国的主权是不容侵犯的。1958年9月4日，中国宣布"关于领海的声明"，确定领海宽度为12海里，并主张以"直线基线法"来规定领海范围。

当我们翻开历史，20世纪以来，目前世界主要国家出版的约200种《地图集》、各类权威《百科全书》和各国早期的各类声明都非常明确承认南海诸岛属于中国的传统海疆之内。从汉代开始，历代中国政府均对南海中我国的辖区实施了管辖，并为维护其主权及资源的开发利用进行了长期抗争。中华人民共和国成立以后，为维护南海诸岛及附近海域主权颁布了《领海声明》及进行相关立法，对任何有关对南沙群岛的侵犯，中国人民坚决反对，并采取了许多具体的管辖行动。

1.2 南海油气资源开发的问题

1.2.1 争议性海域开发的阶段演进

随着人们对海洋资源的认识和海洋开发技术的进步,海床底土的矿产资源日益成为各国竞相勘探开采的对象。《联合国海洋法公约》生效之后,沿海国对海洋区域的管辖范围及资源权利大大增加,出现了许多蕴含油气等资源的区域。根据《联合国海洋法公约》,有些区域分别被划属不同的国家管辖,也出现了相邻或相向国家在资源依附的区域权利主张相互重叠的情况。在这种区域中资源的开发和海域的划界成为一个敏感而棘手的问题。

综观国际争议海洋区域的合作开发历史,争议区域的资源开发经历了一个从无序到有序、从冲突到和平、从各自为政到合作开发的发展过程。从石油资源开发的角度看,南海争议区域的存在不利于提供一个稳定、安全的投资环境。但是,由于划界问题往往涉及国家的根本利益,划界方法和原则也难以确定,领土争端的解决绝非轻而易举。为避免主权争议的恶化,同时保证有关国家的经济利益,可以用合作开发临时替代划界争端的解决。

争议区域资源开发的第一个阶段是主权争议下的各自开发阶段。这一阶段的相关国家一方面通过外交途径极力主张其对该区域的领土主权,以各种划界学说证明自己对该区域享有领土主权,对该区域内的自然资源享有主权权利;另一方面授权国家石油公司或外国石油公司代表其对该区域内的石油资源进行实质的勘探、开发活动,以获取经济利益,并通过开发活动证明其主权权利。争议区域资源开发第一阶段明显的特点是资源开发的无政治或法律框架,基本处于按各国意愿任意进行的状态。这一阶段的争议区域资源的开发经常伴有国家间争端和冲突的产生,甚至出现因争夺资源和领土主权争议爆发武装冲突或战争。

第二个阶段是相关国家在战略政策下进行合作开发。合作开发是资源开发的一种表现形式。合作开发一般更强调一个或数个国家搁置整个边界争端问题,因而从开始就形成一种经济上合作的良好开发环境的制度,共享其对一个特定区域拥有的权利,并在一定程度上为勘探和开发海域矿物的目的进行某种形式的利益分享。合作开发中,参与合作的一方要向主权国依法纳税,要遵守该国的相关法律。而以国际法的观点看,把合作开发的定义限制在基于政府间的协议的开发,而排除政府与石油公司之间的联合企业或资本参与的私有公司之间的合伙企业，是一种以国家间建立协议为基础的国际法概念。

合作开发南海指的是南海周边两个或两个以上的主权国家，对位于南海争议海域或跨界的资源，通过国际协议，以某种合作形式进行的勘探或开发活动。也就是说合作开发南海是在南海最终划界之前，为了勘探或开发以及分配南海争议海域的潜在自然资源，两个或多个南海周边国家基于政府间的国际协议而合作行使主体权利和管辖权。为避免开发的无序状态以及因缺乏框架和约束可能导致的冲突，以提供一个相对稳定和安全的资源开发环境，保障相关国家在争议区域内的资源利益，缓和划界争议，促进划界争端的解决，相关国家一般会单方面提出某些政治主张，或与有关国家通过协商，达成政治性的主张。例如"搁置争议，共同开发"等战略政策的提出，为争议区域资源的合作开发提供了政治上的基本框架，便于相关国家在框架内展开合作。为获取各自和合作的经济利益进行合作开发，成为相关国家对争议区域资源的基本态度和直接目的。各相关方愿意通过和平与合作的方式开发争议区域内的资源以及解决相互间的争端，为资源的合理和平利用奠定了基础，具有重大的战略意义。但是，在战略政策的框架下合作开发争议区域的资源也有一定的局限性。首先，战略政策规定一般比较笼统，缺乏具体操作的相关规定，使政策的实际落实存在一定障碍；其次，战略政策仅是相关国家为了国家经济利益做出的政治选择，其执行往往依赖于国家的态度和相关国家间的国际关系，具有浓厚的政治因素，并非有约束力的法律保障，从而使其执行具有不确定性。

第三个阶段是为了排除相应的政治因素，使得合作开发能在一定的法律规范框架内进行。资源合作开发的法律规范框架，一般由相关国家间的合作开发协定、开发机构和石油公司的国际石油合同以及石油公司之间的合作经营协议等构成，是一个多层次的综合法律框架体系。例如 1962 年荷兰和联邦德国关于埃姆斯河口资源合作开发签订的《关于合作安排埃姆斯－多拉德条约》，是争议区域石油资源合作开发的第一个双边协议。将争议区域资源的合作开发纳入法律规范的框架，也就将争端的解决纳入了法律规范的框架。但我们也应看到，合作开发争议区域毕竟只是一个临时措施，只是应对经济发展需求的权宜之计。不论是什么形式下的合作开发，都无法取代或消除划界问题。因此，在合作开发的过程中，仍然要积极考虑主权问题的解决。

1.2.2 南海油气资源利益与产权争端

南海争端的直接起因是越南、菲律宾、马来西亚、印度尼西亚和文莱几国对部分南沙岛礁的占领或对部分南沙海域的控制，但在直接起因的背后，核心是资源因素，同时涉及政治、经济、军事、战略和国际法等诸多方面。第二次世界大战期间，西方各盟国通过的《开罗宣言》《波茨坦公告》等文件都明确表示，反法西斯战争的目的之一在于迫使日本将其窃取的中国领土归还中国。但战后不久，以美国为首的西方国家态度就发生了变化。从冷战利益出发，美国极力利用海洋纷争遏制中国共产党执政下中国的发展。

南海是一个半封闭的海域，大部分海域在历史上就是中国的领海。20世纪70年代以前，各国对此基本上没有异议。然而，随着南海大型油气田和丰富海洋资源的发现，有关国家对南海的态度发生了变化。20世纪60年代末，南沙群岛海域被探明有着极为丰富的油气资源。由于勘探不足，各方对南海油气资源储量的评估数据有所不同。根据海南省有关专家估计，南海主要盆地的油气资源储量为707.8亿吨，其中石油资源储量为291.9亿吨，探明可采总储量为20亿吨；天然气资源储量为58万亿立方米，探明可采总储量约为4万亿立方米。美国海洋地质学家埃默里发表了南海诸岛及附近海域的油气资源的报告，认为亚洲最大的油气产地在"南中国海"，初步估计南沙群岛石油蕴藏量达350亿吨左右，天然气蕴藏量约为10万亿立方米。美国能源信息署于2013年在其官网上发布的《中国南海油气资源评估报告》估算，认为南海的石油储量约为110亿桶，天然气储量（探明及可能储量）约为190万亿立方英尺，并称南海是油气（尤其是天然气）的重要潜在开发区。中国国土资源部地质普查数据显示，中国主张管辖的南海范围内的石油地质资源量在230亿～300亿吨之间，天然气地质资源量约为16万亿立方米，占中国油气总资源量的1/3，相当于全球的12%。尽管各方对南海油气资源储量的评估并不一致，但可以肯定的是南海拥有丰富的油气资源，使之成为世界四大油气资源富集海域之一，不仅为世界诸多国家持续关注，也必将成为能源开发与能源安全的焦点。此外，南沙海域鱼类资源丰富，有1000余种。南沙其他矿产资源的储量也相当的可观，拥有铜、锡等重要矿产，加之南沙群岛地处太平洋和印度洋的交通要冲，是西太平洋进入印度洋的重要国际通道，战略位置十分重要。在我国南沙海域内，目前已探明含油气盆地多个，面积约为27万平方公里，被称为"第二个波斯湾"。随着南沙群岛沿岸各国的经济不断增长，各国为了满足经济发展的需要，获取更多的利益，纷纷把发展的触角伸向南沙海域。南沙群岛自古以来是我国的神圣领土,我国对南沙群岛的主权是不容争辩的。但从20世纪60年代开始,周边国家包括越南、菲律宾、马来西亚和文莱等,纷纷侵占和分割我国南沙群岛露出水面的岛礁及附近海域。

1968年,联合国亚洲暨远东经济委员会成立的"亚洲外岛海域矿产资源联合勘探协调委员会"提出的勘察报告指出,越南沿岸的邻近海域、南沙群岛东部和南部海域蕴藏着丰富的油气资源。其时正值世界各国大规模开发、利用海洋的时期。随着世界能源危机的加剧,这些国家意识到海洋的重要性,纷纷开始勘探开采海洋资源。南海良好的油气前景被揭示以后,有关邻国竞相抢占南沙岛礁,使南沙争端白热化。

受潜在的利益驱使,越南于1974年宣布其领海宽度为12海里,并根据1958年《日内瓦公约》中有关大陆架的条款,规定其大陆架为陆地领土向海底延伸至200海里水深。1977年5月12日,越南政府颁布了《关于越南领海、毗连区、专属经济区和大陆架的声明》。越南边界事务委员会原主任刘大利在论述这一声明的意义时说:"强调我国在专属经济区及大陆架上不可占领的主权,这对开发我国在东海,尤其是黄沙、长沙群岛周围的石油、天然气等资源有着极为重要的意义。尽管目前我们的勘探和开发能力还受到许多限制。但是,根据科学家们判断,一旦将来我们完全具备了勘探、开发东海资源的能力,就将对我国经济建设的发展有着无法估量的影响。"由此可见,资源因素在越南南海战略中所具有的重要地位。

南海南部蕴藏丰富的石油、天然气资源。南海与世界其他石油及天然气产区的比较见表1-1。南海南部全部或部分在中国传统疆界线以内的新生代含油盆地主要包括:曾母盆地、北康盆地、笔架南盆地、礼乐滩盆地、南薇盆地、文莱-沙巴盆地、万安盆地、郑和盆地、巴拉望盆地等,总面积约4.1×10^5平方千米,估计油气储量为$1.38 \times 10^{10} \sim 1.65 \times 10^{10}$吨。

表1-1 南海与世界其他石油及天然气产区的比较

地区	石油探明储量/10亿桶	天然气探明储量/兆亿立方英尺	石油开采/(百万桶·天$^{-1}$)	天然气开采/(兆亿立方英尺·年$^{-1}$)
波斯湾	674.0	1918.0	21.1	6.8
北海	15.9	147.2	6.6	9.3
里海	16.9~33.3	177~182	1.1	2.1
南海	约6.9	约136.9	2.0	2.5

菲律宾、马来西亚等国也都在20世纪60年代后期开始对南沙资源表现出浓厚兴趣。1968年3月20日，菲律宾以第370号总统公告，宣布对大陆架的主权权利并将其范围确定为自领海外起至可开发的深度范围。1966年，马来西亚颁布《大陆架法案》（第83号法案），同年颁布《石油开采法案》（第95号法案），提出了其对大陆架及其自然资源（非生物资源）专属开发权的主张。1973年发生的世界石油危机更凸显了南海油气资源具有的潜在意义，一定程度上加剧了南沙争端。南海周边地区人口众多，该地区所有发展中国家的经济一直呈上升趋势，对资源的需求不断增加，其开发能力也在不断提高。随着世界范围内能源和海洋争夺的加剧，资源因素在南海争端中的影响会越来越大。

1.3 南海油气资源分布与南海周边国家开发现状

1.3.1 南海油气资源储量与分布

（1）南海油气资源概况

南海是西太平洋最大的边缘海之一，南北长度达2000余公里，东西宽度达900余公里，平均深度1212米，最深处达5377米。南海的形成过程比较复杂，但总体上有利于油气资源的孕育。在地质构造上，南海位于欧亚板块、印度－澳大利亚板块与太平洋－菲律宾板块相互作用的构造部位，又是太平洋构造域与特提斯构造域的联结地带。南海的形成演化与其周边板块的构造活动密切相关，南海南部的南沙地块、加里曼丹地块的一部分以及西北巴拉望地块曾与华南大陆相连，直到3500万年前的始新世末期才发生彻底断裂，并不断南移，从而与华南大陆之间形成南海海盆。南海的北部、西部以及南部没有明显的板块界限，在张裂过程中不断有沉积物向内填充堆积，有利于形成大面积的沉积盆地，这就决定了南海良好的油气资源条件。地质调查资料显示，南海孕育了上百万平方公里的沉积盆地，仅南沙地区就孕育了40多万平方公里的沉积盆地，加之南海还发育了很多断裂带，形成了良好的油气运移通道，构成了油气资源成藏的充足条件。南海油气资源主要产自始新统至中新统，无论是南海南部或者南海北部的含油气盆地，都有各种类型的油气圈闭。油气形成所需要的生成、聚集、盖层保护以及运移等条件均具备。而且，众多的成油条件在这里形成了极佳的匹配，显示了南海可能蕴藏着丰富的油气资源。

南海良好的油气资源形成条件较早就引起了地质学界的关注。早在 20 世纪 50 年代末，苏联地质学家就曾推断，东南亚海域可以划出第三个世界油气聚集中心，其边界是中国南海沿海、印度支那、马来半岛、苏门答腊、爪哇以及菲律宾群岛，它们均围绕着南海。随着 20 世纪 70 年代后期大范围的地质调查以及油气勘探，南海海域丰富的油气资源储量被逐步证实。

南海已知的含油气构造区块 220 多个，油气田 180 多个。当然，石油地质学界对南海油气资源储量并没有完全形成统一的说法，资源储量评估数据出入较大，而且多为估算储量，证实储量较少。这主要是由于南海地质条件比较复杂，而且加上勘探程度不高，尤其是南沙大部分海域没有进行钻井和三维地震勘探，认识上存在不足。另外，由于南沙地区是争议区，有关各国的地质调查数据不能交流共享，这也在很大程度上影响了资源储量的综合评价。尽管有关南海油气资源储量的估算数据存在一定的出入，但不可否认的是，南海是西太平洋海域未来最有希望的石油与天然气资源库，可开发利用价值极为巨大。

（2）南海油气资源分布

南海油气盆地发育众多，有几十个含油气盆地（见图 1-1）。南海北部的含油气盆地主要包括北部湾盆地、莺歌海盆地、琼东南盆地、珠江口盆地、台西南盆地等，以产天然气为主，如珠江口盆地、琼东南盆地相继发现了千亿立方米的大气田。南海南部的含油气盆地主要包括曾母盆地、万安盆地、文莱-沙巴盆地、礼乐滩盆地、西北巴拉望盆地、南薇盆地等。从油气资源分布上看，其南部与北部存在一定差异性。北部富气，南部富油，总体上南部油气资源较北部更为丰富。主要原因在于南海南部海域主要盆地大多具有较好生油气能力的烃源岩，地温梯度大，构造形成时间和生烃、运移、聚集时间搭配好，加之该海域有非常厚的盖层，从而使得油气资源能更好地储藏。因此，南海的油气资源更多集中在南沙海域，其中曾母盆地、文莱-沙巴盆地最好，万安盆地次之，形成了许多大型油气田，多年的油气勘探实践已证实了这一点。例如，南海北部除发现的荔湾 3—1、流花 29—1、崖 13—1 以及东方 1—1 等大型油气田外，其他均是中小型油气田；但南海南部却发现了许多大型油气田，如曾母盆地的 B 区块至 F 区块相继发现了 15 个大型油气田，有的油田已连续高产了 20 多年。此外，南海南部纳土纳岛周边海域的油气资源量也极为丰富，其中天然气储量预计高达 2 万亿立方米。就南海中央海盆的广阔深水区而言，由于缺乏油气资源形成的物源条件，一般认为资源潜力并不大。南海各含油气盆地分述如下：

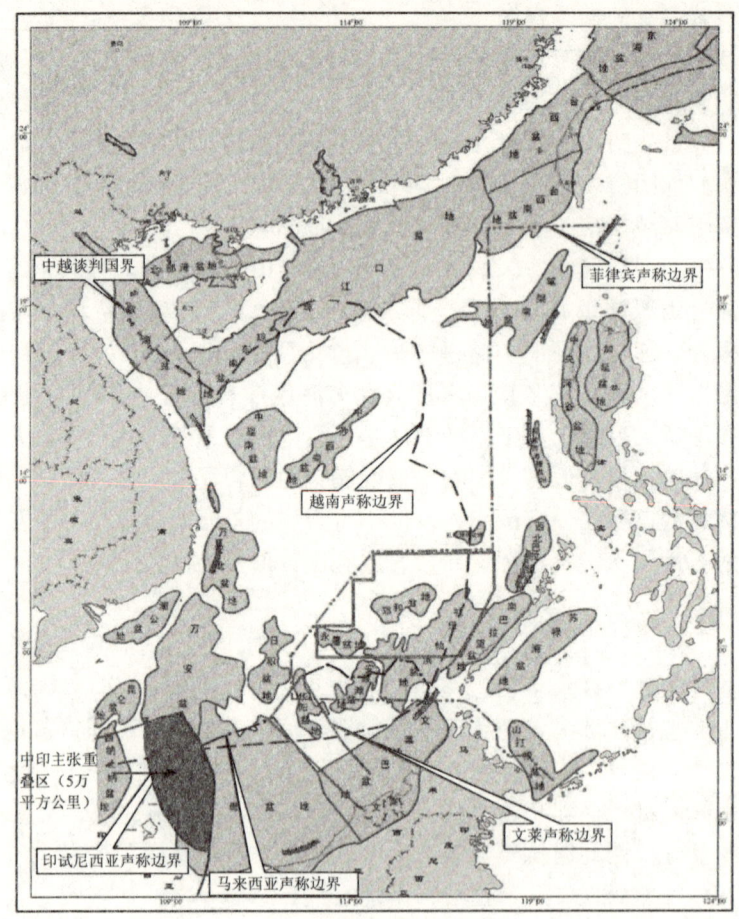

图 1-1 南海主要含油气盆地图

（1）北部湾盆地

北部湾盆地位于南海西北部大陆架上，海南岛之西。红河口的水下三角洲是油气盆地的组成部分，北部湾盆地受北东－南西向断裂控制发育而成，是南海北部大陆架西部一个以新生代沉积为主的盆地，面积3.8万平方公里，其中海上部分1.8万平方公里，是一个新生代较大型沉积盆地，其新生代沉积最大厚度达7000米。北部湾盆地已经历了几十年的油气勘探，在已钻探的几十口井中，大部分集中在盆地西北部的涠西南凹陷内，已发现一系列油气田和含油气构造，其中有15口井发现工业油气流，发现油气田7个，其中涠12—1、涠12—8等油田储量超过 6000 万吨,成为南海北部陆架之上的一个重要油气生产区。

(2) 莺歌海盆地

莺歌海盆地位于中南半岛与南海西北部大陆边缘交接区,地理上处于海南岛以西,中南半岛以东海域,向西北可一直延伸到越南河内盆地。莺歌海盆地发育于红河活动断裂带之上,是新生代以来的走滑拉张盆地,长 500 公里,宽 50~60 公里。该区外貌整体近似纺锤形,盆地内快速沉降形成巨厚的沉积,具有良好的油气前景。莺歌海盆地面积约 6 万平方公里,沉积厚度 17 公里,水深多小于 100 米,构造圈闭 77 个,预测天然气资源量达到 5.4 万亿立方米。近年来已在莺歌海盆地发现了东方 1—1 气田、乐东 15—1 气田,已成为我国南海重要的海上油气基地。

(3) 琼东南盆地

琼东南盆地处于欧亚板块、印支板块和太平洋板块的交汇处(欧亚板块东南边缘的南海北部大陆架),属滨太平洋构造域,是一个裂谷三角洲盆地,面积约 5 万平方公里,沉积层厚度 12 公里。从油气地质条件看,琼东南盆地具备大型油气田发育的基本石油地质条件,大体可分为 4 个部分:北部断陷带、崖城-松涛凸起、南部断陷带和南部隆起带,盆地中有 12 个次级凹陷,整体具有南北分带、东西分块的特征。经过多年的地质勘探调查,已经在琼东南盆地崖城凸起等区域发现了重要的油气藏(以气藏为主)。琼东南盆地天然气资源量目前估算为 3.5 万亿立方来,已成为南海北部边缘盆地的一个重要含油气区,显现出巨大的开发潜力。

(4) 珠江口盆地

珠江口盆地是南海北部广东大陆架和陆坡上的一个沉积盆地,涵盖海南省东北部海域,是中生代末期发育的陆缘张性盆地,具有南北分带、东西分块的构造格局。珠江口盆地东西长约 800 公里,南北宽 100~300 公里,面积约 17.8 万平方公里,中、新生界最大沉积厚度超过 1 万米,含油盆地面积约 14.7 万平方公里。珠江口盆地可分珠一坳陷、珠二坳陷、珠三坳陷 3 个坳陷和北部断阶、神狐暗沙隆起、东沙隆起、南部隆起及番禺低隆起,共 8 个二级构造单元,是中国近海重要的含油气盆地。石油资源量约 50 亿吨,探明储量 3.45 亿吨。珠江口盆地相继发现了荔湾 3—1、流花 29—1 等多个千亿立方米大气田,目前已有 10 多个油气田投入生产,年产油气超过千万吨。

(5) 台西南盆地

台西南盆地是南海北部大陆架边缘盆地链上的中新生代含油气盆地之一，处在中国近海陆架盆地天然气富集区带的有利位置，具有良好油气资源潜力和勘探前景。台西南盆地呈北东走向，长 480 公里，宽 240 公里，总面积约 7.2 万平方公里，中新生界最大沉积厚度超过 1 万米。据盆地内的隆坳格局，可分为北部坳陷、南部坳陷、中部隆起和南部隆起 4 个二级构造单元，近年已发现了大小局部构造十余个，其中有 3 个含油气构造及 7 口油气井。据测算石油资源量约 17 亿吨。

(6) 曾母盆地

曾母盆地位于我国南海海域最南端，总面积 17 万平方公里。曾母盆地是发育在曾母地块和巽他地块汇聚带上，并被后期走滑断裂复杂化的周缘前陆盆地，是我国最大的新生代盆地之一。自晚白垩纪以来，沉积了巨厚的沉积物，最厚可达 1.5 公里，具有面积大、沉积速率快、沉积厚度大的特点。国内外油气勘探和研究表明，曾母盆地具有良好的油气地质条件，主要发育渐新统海陆过渡相炭质页岩、煤层、海相泥岩和下－中中新统海相泥岩两大套烃源岩，以及渐新统－中新统砂岩和中－上中新统灰岩或礁灰岩两大套储层，是南海石油和天然气开发最好的地区之一，油气资源量据测算近 100 亿吨。

(7) 万安盆地

万安盆地位于南沙海域西南部。盆地东西向最宽约 280 公里，南北长约 600 公里，面积约 8.5 万平方公里。该盆地产生于新生代早期，沉积盖层为一套总厚度达 1.2 公里的上始新统－第四系地层。20 世纪 70 年代美国壳牌公司在该盆地内获油流。1987 年越南在苏联石油公司帮助下钻探大熊—1 井，测试日产原油 5800 吨、天然气 85 万立方米，1988 年又钻探了大熊—2 井，日产原油 2000 吨，由此统一命名为大熊油田。该油田的勘探开发表明了万安盆地良好的油气资源前景。

(8) 文莱－沙巴盆地

文莱－沙巴盆地位于廷贾断裂以东，沙巴岸外及文莱沿海一带，呈北东走向，面积约 9.4 万平方公里，是南沙地块向巽他地块俯冲所形成的弧前盆地。马来西亚、文莱等国家已经先后与世界几大石油公司签订开发合同，在文莱－沙巴盆地进行了大规模的勘探与开发，证实了该盆地巨大的资源开发潜力。

（9）礼乐滩盆地

礼乐滩盆地位于南沙群岛东北缘的礼乐滩附近，呈陆缘-裂离断块型盆地，面积约3.9万平方公里。由于受到各种条件限制，中国对于礼乐滩盆地一直未进行详细普查。但与之邻近的菲律宾一直以来则积极与国际上的各大石油公司展开合作，对该区域进行了长期勘测。早在1979年，菲律宾与印第安纳标准石油公司在礼乐滩勘探，发现了油气冷凝物。随后菲律宾发现了本国第一个海上油田——巴拉望岛的尼多油田，该油田距礼乐滩240公里。该油气田目前已稳产30多年。礼乐滩周边海域预测蕴藏有4.4亿桶石油和上千亿立方米天然气，礼乐滩盆地被认为是油气资源富集区。

1.3.2 南海周边国家的能源需求及其油气资源开发能力总体判断

自20世纪90年代以来，东盟已逐渐发展成为世界经济最活跃的地区之一。东盟各国社会经济持续发展，工业化与城市化进程不断加快，对能源的需求也与日俱增。尤其是以越南、菲律宾、马来西亚、印尼为代表的南海周边四国，经济持续、稳定增长，对能源的消费和依赖程度不断增加。从2006年到2010年的5年间，上述四国的经济平均增长率达5.75%，无论是历年数据还是5年的平均值都远高于同期的世界经济平均增长水平。其中，越南以7.1%的平均经济增速位居东盟国家首位，在东亚地区仅次于中国排第二位，具体数据详见表1-2。

表1-2 东盟部分国家经济增长状况对比

年度	经济增长率					
	越南	菲律宾	马来西亚	印尼	四国均值	同期世界平均值
2006	8.2%	5.4%	5.9%	5.5%	6.25%	5.2%
2007	8.5%	7.3%	6.1%	6.3%	7.05%	5.3%
2008	6.2%	4.6%	4.6%	6.2%	5.4%	2.8%
2009	5.3%	0.9%	1.7%	4.5%	3.1%	-0.6%
2010	6.8%	7.3%	7.2%	6.1%	6.85%	5.0%
5年的平均增长率	7.1%	5.1%	5.1%	5.7%	5.75%	3.5%

注：世界经济统计年鉴（2011年3月）。

越南和印尼的经济发展最为引人瞩目,目前全球资本市场看好"新钻十一国"和"灵猫六国"的发展潜力,这些国家被认为是未来10年的全球经济增长热点。在上述两个由新兴发展国家形成的经济组合体中,越南和印尼两国均榜上有名,其中"新钻十一国"还包括菲律宾。马来西亚的经济表现也相对较优,被认为有望在未来10年内步入发达国家行列。由此可见,上述四国的经济发展潜力十分可期。

国内外相关实证研究早已证明,经济增长和能源消费之间存在着显著的正相关性。经济增长对能源消费增长存在依赖性,GDP总量的不断增大是能源消费总量不断上升的主要原因。一般用能源消费弹性系数来衡量这种关联性。该系数是指能源消费增长率与同期经济增长率的比值。是反映能源消费(energy consumption)增长速度与国民生产总值(GDP)增长速度之间比例关系的指标。如该系数大于1,则本年度单位GDP能耗比上年上升;如等于1,则持平。弹性系数越大,说明单位经济增长消耗的能源越多;反之,弹性系数越小,则说明经济增长消耗的能源越少。

由于上述四国普遍步入工业化阶段,出口导向型的经济特征较为明显,出口拉动与投资拉动成为经济增长的重要因素,对能源的消费和需求日益旺盛,加之这几个国家工业化水平低,能源利用效率低下,使得经济增长与能源消费增长之间的关联性十分密切。例如,越南是典型的能源驱动经济发展的高能耗国家,经济的快速发展带来对能源的旺盛需求,越南过去5年的能源消费增长率始终高于GDP增长,过去5年的能源消费增长速度达10.3%,远高于同期亚洲能源消费4.1%的平均增长率。越南过去5年的平均能源消费弹性系数达到1.45,表明越南单位GDP能耗以年均45%的速度递增,由此表明了能源驱动型的经济运行特征,预示着越南未来对能源的需求将继续加大。东盟部分国家能源消费情况详见表1-3。

从表1-3中可以看出,菲律宾、马来西亚以及印尼与越南呈现相似的能源经济运行特征,所不同的是经济增长对能源的倚重程度不同,其中,马来西亚相对最优,能源消费弹性系数的5年均值为0.99,表明能源消费增长与经济增长基本持平。总体上而言,上述国家的经济快速增长是一种重数量、轻质量的增长,是一种典型的粗放型增长,与过去20多年中国经济的发展模式几乎完全相同。

这种粗放的经济增长方式,加剧了能源供求矛盾,使许多国家的能源储藏量锐减,已探明能源资源储量已接近枯竭。今后如何在较低的能源消费弹性系数、较低的单位产值能源消耗和适度的人均能耗下求得经济长期稳定增长,如何保证能源的持续、安全供应,这是上述四国面临的越来越显著的问题。

表 1-3　东盟部分国家能源消费情况

年度	越南		菲律宾		马来西亚		印尼	
	能源消费增长率	能源消费弹性系数	能源消费增长率	能源消费弹性系数	能源消费增长率	能源消费弹性系数	能源消费增长率	能源消费弹性系数
2006	12.0%	1.46	9.6%	1.78	4.8%	0.82	6.8%	1.24
2007	13.2%	1.55	10.7%	1.46	6.9%	1.13	7.4%	1.17
2008	8.0%	1.29	6.9%	1.52	3.8%	0.84	8.4%	1.35
2009	7.1%	1.34	2.4%	2.68	2.1%	1.2	4.4%	0.97
2010	11.2%	1.65	8.8%	1.21	6.9%	0.96	6.1%	1.06
5年均值	10.3%	1.45	7.7%	1.31	4.9%	0.99	6.6%	1.16

注：亚太地区能源统计年度报告（IEA）。

以印尼为例，该国曾是东南亚地区石油和天然气资源最为丰富的国家。印尼是较早加入欧佩克的国家之一，但2008年印尼声明暂时退出欧佩克。其主要原因在于，印尼境内油井日益枯竭，产油尚不能满足本国需求，出口更是无望。20世纪90年代中期，印尼的石油产量为日均150万～160万桶，但此后其产量逐年下降，较高峰期已经下降了50%，目前日均产油量维持在95万桶左右。原来作为欧佩克成员，印尼的日产原油配额为130万桶左右。但印尼过去5年均未能满足其配额要求，反而需要进口石油满足国内要求。正如印尼能源部长所表述的那样："欧佩克组织条例规定其成员国需要保证原油净出口，印尼如继续留在欧佩克里，角色会很尴尬。作为一个石油净进口国，印尼希望看到全球油价下降，而石油输出国组织的其他12个成员国却恰恰相反。"

尽管印尼退出欧佩克受到投资不足、油价拖累等多种因素的影响，但石油业普遍认为，这是一个强烈的信号，显示了东南亚国家日益高涨的能源需求。印尼从石油净出口国到石油净进口国的转变与中国1993年的情况十分相似，反映出经济发展后整个国家对石油能源的依赖程度加重。曾有能源机构预测，越南、马来西亚等国很快会步印尼的后尘，在未来5年内成为石油净进口国。上述四国过去5年的石油产量和进出口情况见表1-4。

从表1-4可以看出，除了越南和马来西亚存在石油净出口以外，菲律宾和印尼均为石油净进口国家。随着时间的推移，越南的海上油气产能下降，国内石油消费增加，越南会从石油净出口国变为石油净进口国，马来西亚也因国内需求的激增而逐渐减少石油出口，最终达到产需平衡。与此同时，菲律宾和印尼本国的油气潜能如果不能有效释放,进而转化为实际产能,那么今后菲律宾和印尼的石油进口量将会进一步加大。另外,2011年至2015年相关的石油网站显示上述国家石油生产量没有大幅度增加,反而呈波动下降的趋势。同期发达国家的石油需求也是接近于零增长态势。

表1-4 东盟部分国家石油产量及进出口情况(单位:万吨)

年度	越南		菲律宾		马来西亚		印尼	
	产量	净出口	产量	净进口	产量	净出口	产量	净进口
2006	1750	250	90	1330	3740	1400	4465	1365
2007	1520	310	110	1290	3750	1270	4190	1760
2008	1375	240	150	1080	3635	900	4600	1310
2009	1640	265	75	1310	3465	1015	4850	1070
2010	1590	210	115	1420	3450	920	4950	1010

注:Statistical Review of World Energy 2006—2010(BP)。

1.3.3 越南南海油气资源开发状况

(1)石油生产能力和消费情况

越南是东南亚国家石油开发领域的后起之秀,原本为贫油国,但发展势头很快,油气产量在东南亚各国中排名第三,油气均来自海上,大有后来居上的趋势。越南把实现经济起飞的希望寄托在沿海大陆架和南沙群岛油气资源的开采方面。早在20世纪80年代初,越南在苏联的帮助下,在南沙海域的白虎、大熊地区勘探石油和天然气,1985年第一口钻井成功。1986年,白虎油田一号井试产,当年产原油4.5万吨。从此,越南迈入石油出产国行列,此后相继建成白虎油田、大熊油田等10多个海上油气田。白虎油田至今仍是越南第一大油田,一度占越南原油产量一半。2004年,越南石油产量达到峰值,日产超过40万桶(合5.2万吨),之后产能下降,2014年之后一直徘徊在日产30万桶左右(约合3.5万吨)。目前越南投产的9个油田中,最大的仍是白虎油田。自2008年至2014年,越南从南海各油田开采石油共计8.6亿多桶。2010年,越南原油的净出口为每日4.2万桶。越南原油主要出口美国、日本,也有少量出口新加坡和泰国。

南海石油是该国第一大经济支柱,占其国民生产总值的30%,不仅赚取了大笔外汇，也支撑着越南每年7%的GDP增长。为加大开采力度，2000年越南修订了《石油法》，不仅使国际石油公司参与竞标的过程更加公开、透明，而且条件非常优惠，合资公司中，外方股份可占到80%左右，远高于中国49%的比例。目前，俄罗斯是越南国家石油公司最大的合作伙伴，埃克森美孚、BP、道达尔等西方巨头近年来也加大在越南的油气勘探与开发投资力度。目前，越南在中国西沙、南沙海域非法划出石油招标区块达150多个，几乎覆盖了中国西沙、南沙全部海域，尤其在万安滩海域加紧与中国争夺石油勘探和开采权。前后有10多个国家的30多家石油公司与越南合作，在万安盆地中的15个招标区勘探作业，地震测线逾10万公里，钻井数十口，已获得不少油气新发现。

越南石油天然气公司主导该国石油工业，是越南最大的石油生产企业。除了与俄罗斯石油公司合资外，越南石油天然气公司还与BP、康菲、马来西亚国家石油公司合作开采石油。目前，越南石油天然气公司油气勘探与开发的技术水平和技术力量还不高，尤其是还未掌握深水油气的勘探与开发能力，自营作业能力仅限于近海300米水深以内的海域，对于南沙海域的深水区油气作业，还须与国外的大石油公司进行商业合作。

在加大海上油气勘探开发力度的同时，越南也在加强炼油能力建设。直到2008年底，越南没有一个规模化的炼油厂。越南由于没有精炼油能力，其生产的原油90%以上出口。越南在出口原油的同时，所需大量油品几乎全靠进口，以满足国内的需求，为此消耗大量外汇。随着近年来越南经济的快速增长，油品的消费和进口量也高速攀升，2001～2005年的4年间，油品进口年增长率达10.3%。越南在本国中部广义省建成了年炼油能力达650万吨的榕桔炼油厂，该炼油厂已于2009年上半年投产。越南南方也有两个同等规模的炼油项目。从2013年起，越南每年需要进口400万吨原油以满足炼油需求。

（2）南海油气资源开发状况

21世纪以来，越南延续了20世纪末的开发热潮，继续加大对南海油气资源的勘探和开发力度。一方面，越南积极推出新的区块，在更大范围、更大规模上进行招标。另一方面，越南利用国外的先进技术加强本国石油天然气下游工业的建设，努力发展石油炼化与石油制成品的生产，满足国内的需求。2008年以来，越南油气勘探和生产继续在其主要的油气田中进行，这些油气田包括：白虎油田（Bach Ho）、龙油田（Rong）、荣东油田（Rang Dong）、红宝石油田（Hon Ngoc）、大熊油田（Dai Hung）。而大部分勘探和生产活动都是在近岸的九龙盆地（湄公盆地）和南昆山盆地（万安盆地）内进行的。其中最活跃的是九龙盆地，这一盆地中最重要的是金狮油田（Su Tu Vang），一直以来该油田由九龙联合作业公司（CLJOC）负责勘探和生产。九龙联合作业公司是国际大型油气企业出资成立的合资企业，其构成包括越南国家石油公司（Petrovietnam，占有50%的股权）、美国康菲石油公司（Conoco Phillips，占有23.25%的股权）、韩国国家石油公司（KNOC，占有14.25%的股权）、大韩石油公司（SK Corp，占有9%的股权）以及法国Geopetrol公司（占有3.5%的股权）。而在天然气方面，比较重要的是南昆山气田，该气田由越南国家石油公司（Petrovietnam，占51%股权）、英国BP公司（占32.67%股权）、美国康菲石油（Conoco Phillips，占16.33%股权）组成的集团公司运作。

到目前为止，外国公司在越南的石油天然气合作形式包括：与越南国家油气集团签订产量分成合同（PSCs）、联合经营合同/公司（JOCs）或商业合作条约（BCCs）等。至2014年末，越南国家油气集团（PVN）与国外合作方共签署了超过60个油气资源合作合同，参与这些合同的公司包括：荷兰壳牌（Shell）、法国道达尔（Total）、英国石油公司（BP）、美国康菲石油（Conoco Phillips）、美国优尼科（Unocal）、美国雪佛龙（Chevron）、美国埃克森美孚国际公司（Exxon Mobil）、日本出光（Idemitsu Kosan）、韩国国家石油公司（KNOC）、日本三菱（Mitsubishi）、美国力生（Nexen）、日本Nippon Oil、印度国油旗下子公司ONGC Videsh、马来西亚Petronas旗下子公司Petronas Carigali公司、英国Premier石油公司、泰国PTTEP公司、澳大利亚桑托斯石油公司（Santos）、挪威国家石油公司（Statoil）、加拿大Talisman公司、法国Total公司、俄罗斯Zarubezhneft公司等。尽管这些公司许多活跃在越南油气上游工业及市场流通等领域，但由于历史的原因，最有影响力的公司仍然是俄罗斯的石油公司，其代表为Zarubezhneft与Petro-Vietnam成立的Vietsovpetro公司，该公司是目前越南最大的石油合营企业。

2008年越南油气总公司已与跨国油气公司签订了13份油气合同。2009年，越南油气总公司已与外国签订了77份油气领域的合作合同，其中53份合同已经开展实施。2009年3月上旬，加拿大Talisman能源公司开始对越南南昆山深水盆地进行勘探。Talisman能源公司对Conoco Phillips公司在越南近海开发的两个区块（133区块和134区块）都拥有38%股权。而在Talisman能源公司购入两个区块的股权之前，Conoco Phillips公司拥有两个区块70%的股权，越南石油勘探开发公司（PEVP）则占30%股权。2009年3月下旬，澳大利亚全球勘探公司（AWE）和Serica Energy公司签署了一项合作意向协议，获得在越南南部海域南昆山盆地06/94区块23.33%的勘探权。4月中旬，越南石油勘探开发公司（PVEP）和马来西亚Petronas公司在越南近海的北海岸黑龙（Hac Long）油田发现了最大的天然气田。该天然气田合同价值 5770 万美元,其中 Petronas 公司占 45%,PVEP 占 55%。4 月下旬,越南石油公司和加拿大 Talisman 能源公司签订合同,承诺将在两年内对越南的两个海上油田进行开发。4 月下旬,黄龙联合作业公司获批越南湄公盆地评价区(16—1 区块),在黄龙联合作业公司中,越南国家石油公司有 41% 股权,SOCO 公司持有 30.5 股权,PTTEP 持有 28.5 股权。5 月中旬,Premier 石油公司统一将它在越南海上 07/03 区块的 15% 的股权出让给 Pan Pacific 石油公司。在 07/03 区块中,开发商 Premier 占 30% 的股份,Pan Pacific 公司占 15% 的股份,驻越南的美国公司占 40% 的股份,Pearl 石油公司占 15% 的股份。6 月上旬,按照此前签订的合同,俄罗斯 Gazprom 公司已在越南近海勘探钻井。8 月中旬,越南石油勘探开发公司(PEVP)签署了一份越南南部近海 9—2/09 区块(Ca Ngu Vang 油田)的产量分成合同(PSC),合同期限为 25 年,包括 5 年的勘探工作。8 月下旬,Mitra、Kufpec 和 SPC 签署了越南近海的 19 区块和 20 区块的产量分成合同。Mitra 能源公司和科威特驻外石油勘探公司(Kufpec)在两个区块中各取得 40% 的股权,新加坡石油公司(SPC)占 20% 的股权。9 月下旬,SOCO 国际石油公司负责开发越南海域湄公盆地 16—1 区块白犀牛(Te Giac Trang)油田的计划获得越南工业贸易部的批准,已于 2011 年投产。2011 年 11 月上旬,Pertamina 签订 Trough 区块的勘探开发合同,获得了其中 30% 的股权。

1.3.4　马来西亚南海油气资源开发状况

(1) 石油生产能力

在海洋油气勘探与开采方面,马来西亚不但行动早、动作快,而且取得了最大的经济效益。马来西亚出口石油的 70% 均产自南沙海域。

马来西亚是较早开采南沙海域油气资源的国家。20 世纪 60 年代中期以前,马来西亚陆上有少量油气生产;20 世纪 60 年代末,油气生产逐渐转向海上。早在 1968 年,马来西亚政府就将南沙群岛范围内 8 万多平方公里的海域划为"矿区"(南康暗沙、北康暗沙和曾母暗沙暨所属礁盘、暗沙均被包括在"矿区"之内),并出租给美国壳牌公司的子公司——沙捞越壳牌公司钻探。自 20 世纪 70 年代以来,马来西亚在南沙海域先后勘探开发了 90 多口油气井,在曾母暗沙发现多个天然气田。其中最大的海上气田民多洛气田位于曾母暗沙以北海区,储量达 5000 亿立方米,年产量达 100 亿立方米,是世界上一流的大气田。1977 年马来西亚建造了一个年产520万吨的液化天然气加工厂，产品主要出口日本。

马来西亚是掠夺中国南沙油气资源最多的国家，在南沙海域油气井数量占南沙油气井总数的一半以上。马来西亚对南海资源的开采主要集中在南通礁至曾母暗沙之间一带海域。自从在南海发展海上石油生产后，马来西亚经济发展非常迅速，石油出口总值已超过其国民生产总值的20%，海上石油年产量超过3000万吨。2010年底，马来西亚在南沙海域的钻井数达788口；2010年生产石油3450万吨，生产天然气450亿立方米，是南沙海域油气资源最大的获利者。

虽然马来西亚的"南海情结"明显弱于越南、菲律宾等国，但这并不代表马来西亚在涉及主权问题上做出让步。马来西亚在南海问题上的策略是少谈主权多采油。为了实现这一计划，马来西亚政府采取鼓励外国石油公司投资合作的办法来实现其开发计划。早在20世纪80年代中期，马来西亚政府便广泛开展对外招标合作活动，宣布修改产量分成合同条款，以提高费用回收率，提高合作者收益分成比例，免收油气田发现费和生产红利等较为宽松的条件。这些措施充分调动了外国石油公司参与马来西亚海上勘探石油活动的积极性，外国石油公司对参与开发曾母地区油气资源也表现出前所未有的热情。西方主要的石油公司几乎都参与了马来西亚的海上油气资源勘探与开发活动。在与国内公司的合作中，马来西亚石油公司也积极加强技术合作和升级，目前，该公司已成为具有国际化水准的大石油公司，无论在勘探、开发以及炼油等领域均处于东南亚前列，海上油气自营开发能力可与西方大中型石油公司相媲美，可自营开发300米深海域的油气资源。

（2）南海油气资源开发状况

马来西亚是亚太地区重要的石油净出口国，其液化天然气的出口量位居世界第三。2010年，马来西亚原油日产量为71.6万桶，到2015年，原油日产量超过80万桶，其中绝大部分产自南海。马来西亚日均出口石油19万桶，约1/3出口美国。马来西亚的油气勘探活动主要集中在曾母盆地巴林坳陷和南康盆地、文莱三角洲西部及文莱－沙巴盆地的沙巴近海区，天然气主要产自东马来西亚、沙捞越、沙巴附近海域。目前在曾母盆地内共开发了14个油气田，其中在我国传统海域疆界线内开发了2个油田、8个气田及1个油气田。据悉，马来西亚目前已探明石油及天然气储量的52%来自曾母盆地。马来西亚的主要油田包括：Bekok, Bokor, Erb West, Bunga Kekwa, Guntong, Kepong, Kinabalu, Samarang, Seligi, Semangkok, Tapis, Temana, Tiong 等；在过去10年里，马来西亚天然气产量迅速增加，主要气田有：Bedong, Bintang, Jerneh, Laho, Lawit, Noring, Pilong,

Resak、Telok、Tujoh 等。

迄今为止,马来西亚与外国石油公司的合同是以租借地为基础,然后签订产量分成合同。一般的规则是马来西亚石油与天然气公司(Petronas)和外资合资三七分成。参与马来西亚油气资源开发的外国公司包括:英国 BP 公司,美国 ConocoPhillips 公司、美国埃克森美孚(Exxon Mobil)、美国阿美拉达赫斯公司(Amerada Hess)、日本三菱(Mitsubishi)、美国墨菲石油(Murphy Oil)和 Newfield Exploration、日本 Nippon Oil 公司、荷兰 Shell 公司以及加拿大 Talisman Energy 公司,其中美国埃克森美孚(Exxon Mobil)是马来西亚石油天然气最大的合作伙伴。

2008 年以来,马来西亚在南沙海域继续奉行"少谈主权,多采油气"的策略,积极巩固原有油气田,并不断推出新的招标区块,开发新的油气田。2009 年 4 月上旬,Talisman 公司开始了马来西亚和越南近海商业安排区(CAA)PM—3 区块北方油田的开发与生产。Talisman 马来西亚公司在开发 PM—3 区块中拥有 41.44% 的股份,Petronas Carigali 拥有 46.06% 的股份,越南 E&P 公司拥有 12.5% 的股份。9 月中旬,墨菲石油公司(Murphy)从马来西亚沙捞越海域的 SK309 和 SK311 区块采获第一批天然气。墨菲公司负责该区块的开发,拥有 85% 的股权,Petronas 持有剩下的 15% 股权。2010 年 2 月中旬,马来西亚 Petronas 公司把沙捞越近海的 SK320 区块授给了 MDC 油气公司(该油气公司是阿布达比 Mubadala 发展公司和 Petronas Carigali 公司属下一个子公司)。MDC 油气公司在开发中获得 75% 的股权,Petronas Carigali 公司获得剩余的 25% 股权。5 月上旬,墨菲石油公司在马来西亚沙巴海域 H 区块的 Dolfin 井勘探,发现深水天然气,Murphy 拥有该区 Dolfin 井和 Batal 井 60% 的经营份额,Petronas Carigali 公司持有其余 40% 的份额。5 月中旬,瑞典的 Lundin 石油公司与马来西亚国家石油公司 Petronas 签署了东马来西亚沙巴(Sabah)海域 SB307 区块和 SB308 区块的产量分成合同。其中 Lundin 石油公司负责经营,持有 42.5% 的股份,Nido 持有 42.5% 的股份,Petronas 持有 15% 的股份。11 月,Total 公司获得深水 SK317 区块的产量分成合同,Total 公司获得 85% 的股份,Carigali 持有剩下 15% 的股份。由于马来西亚采取优惠措施吸引外资,2013 年马来西亚已勘探到的油气储量已超过印度尼西亚,成为东南亚上游油气业的龙头。

1.3.5 菲律宾南海油气资源开发状况

(1) 石油生产能力和消费情况

菲律宾由于本国石油勘探开发与投资水平低下，国际油气勘探与合作进展不大，尤其在南海近海区域的油气资源开发没有取得实效，因此菲律宾国内石油产量每年仅维持在 100 万吨上下，只能满足 7% 的需求，93% 以上的石油消费都需要对外寻求解决，一直以来是一个严重依赖石油进口的国家。目前菲律宾每天消耗原油 37 万桶左右，而本国的原油日产量只有 2.5 万桶，其中 30 多万桶缺口完全依赖进口。统计资料显示，菲律宾每年石油消费量占该国能源总消耗量的 40%，2010 年，菲律宾进口原油 1420 万吨，耗费外汇 73 亿美元。不断攀升的油价，给石油依赖进口的菲律宾的经济发展带来了严重的负面影响。油价飙升不仅加大了菲律宾石油进口的支出，危及国库的外汇存底；而且加剧菲律宾国内通胀水平，给人民生活带来困难，致使国内需求下降。据菲律宾统计部门测算，石油每上涨 10 美元/每桶，菲律宾的 GDP 将降低 0.1 个百分点。为确保菲律宾能源安全，实现能源多样化，摆脱过于依赖国际能源市场的被动状况，菲律宾政府希望加强与俄罗斯、沙特阿拉伯和东盟等在能源领域的合作。菲律宾政府还要求企业和个人要尽量减少美元等外汇的使用，鼓励海外劳工向国内汇款，以便国内有足够的美元储备购买石油产品。目前菲律宾有 55 万人在海外务工，汇款额约为 100 亿美元。海外劳工汇款是保证菲律宾外汇存底的主要部分，也是应对国际市场石油价格攀升的资金的重要来源。

菲律宾较早地在南沙海域进行石油勘探与开采。早在 1975 年，菲律宾的七家公司先后与多家外国公司合作，在南沙群岛的礼乐滩盆地勘探和开采石油，先后打出 10 多口油气井，但一直缺乏商业性的油气产能。菲律宾陆上始终没有发现有商业开发潜力的油田，过去和现在的所有石油产量都是采自西北巴拉望海域。从 1985 年起，菲律宾的能源消费量增长较快，20 世纪 90 年代初，能源消费年均增长率均超过 10%，而本国石油产量每年却无法递增。菲律宾曾经把希望寄托在近海石油资源的开发上面，结果却令人失望。正如壳牌公司的投资主管曾表述的那样："菲律宾所有的石油开采，包括巴拉望和卡拉延附近的勘探，没有多开采出一滴石油来，对菲律宾石油短缺状况不能产生任何影响。" 过去 5 年，菲律宾石油消费不断增加，而原油产量没有任何起色，给本国的经济发展带来较大的压力。

菲律宾国营石油公司在本国石油生产中占主导地位，多与外国石油公司合作经营大项目，菲律宾能源部负责颁发油气勘探生产许可证。目前，菲律宾的石油勘探活动主要集中在西北巴拉望海域和礼乐滩海域。20世纪80年代初，菲律宾在西北巴拉望海域发现了本国第一个海上油田——尼多油田，该油气田目前稳产30多年。位于巴拉旺盆地西北部的加洛克油田，位于水下290米，石油储量预测为322万吨，日产量1.8万桶。澳大利亚奥托能源公司经营的卡拉外特油田，石油储量预测为548万吨，预计日产量1.5万桶。这些均为中小型油田。目前，菲律宾寄希望于在南沙礼乐滩海域的油气资源开发取得突破，礼乐滩海域被认为是油气资源富集区，预计蕴藏有4.4亿桶石油和上千亿立方米天然气资源。菲律宾国家石油公司与英国弗伦姆石油公司合作，在礼乐滩海域长期进行石油勘探，有一定的商业发现，其中GSEC—101区块在中菲争议海域内，在2012年初正式进行商业开采。菲律宾石油勘探与开发能力十分薄弱，只能与国外公司合作，进行近海大陆架的油气资源开发活动，深水领域还没有能力涉足。菲律宾国家石油公司积极寻求与国外大石油公司合作，并积极举办石油开发招标和路演活动，先后将位于卡加延、吕宋中部、西北巴拉望共计792万公顷的15个潜在的油气资源丰富区块用于招标，以吸引国内和外国投资者，并期望以此解决长期阻碍菲律宾经济增长的能源问题。

在炼油方面，菲律宾目前日炼油能力为3.9万吨，帕创（Petron）公司是最大的石油炼制和销售企业，炼油能力满足国内40%的燃油需求，菲律宾国营石油公司拥有其40%的股权。帕创公司准备投资3亿美元，对位于巴丹岛的炼油设施进行技术改造，以满足日益增加的国内油气需求。

(2) 南海油气资源开发状况

菲律宾石油工业相对比较落后，虽然政府极为重视，并采取相应的优惠措施，其石油工业有了一定的发展，但产能低下，2009年日均产量只有1.5万桶，其中采自南海的为1000桶左右，直到目前为止，菲律宾油气生产能力仍然有限，能源需求的绝大部分要依赖进口。菲律宾在南沙海域油气勘探活动主要集中在西-北巴拉望盆地及礼乐滩盆地，其主要的油气田包括：马兰帕亚油田，Galoc油田以及Calauit油田、Sampaguita气田。

截至2015年，参与菲律宾油气勘探开发的外国公司包括：英国BP公司，美国雪佛龙石油公司（Chevron），美国德士古公司（Texaco），中国海洋石油总公司（CNOOC），美国埃克森美孚公司（Exxonmobil），日本丸红株式会社（Marubeni），英国Forum Energy，越南Pettrovietnam，荷兰壳牌（Shell），英国Premier

Oil 石油公司，美国 Murphy Oil，澳大利亚 Otto Energy。

自 2008 年起，菲律宾继续在马亚帕兰地区从事石油天然气开采，马兰帕亚是菲律宾最主要的石油天然气生产基地，占全天然气产量的 99% 和石油天然气液体产量的 97% 以上。马兰帕亚气田项目于 2001 年 10 月 6 日正式启动，由壳牌石油公司（Shell，占 45% 股份）、雪佛龙石油公司（Chevron，占 10% 股份）负责经营。2008 年 3 月，澳大利亚 Otto 能源公司寻求在菲律宾 SC55 区块的勘探，获得 85% 的股权。12 月，Kairiki 能源公司于 2006 年 4 月获得了 SC54 区块（5418 平方千米）40% 的股权，Nido 公司获得剩余的 60% 股权，这一区块进入实际开发阶段。2009 年，菲律宾国会通过 3216 号法案，试图将菲律宾群岛基线扩大到南沙群岛，进而进一步扩大其大陆架和专属经济区范围，将更多的油气资源圈进自家地盘。2009 年 7 月，菲律宾巴拉盆地的 SC54 区块，包括浅水区和深水区两部分，Nido 在两个区都拥有 60% 的股权，Kairiki 拥有剩下的 40% 股权。8 月，菲律宾政府批准菲律宾国家石油公司与英国的 ForumEnergy 公司合作，勘探南沙礼乐滩海域 GSEC—101 区块的油气田，而这一区块完全伸入中国南海传统疆域以内，同时位于中菲越三方合作区块之内。2014 年 5 月，菲律宾能源部宣布启动第五轮能源合同招标，推出 11 个油气勘探区块和 15 个煤炭勘探区块，其中第 7 油气勘探区块位于南沙礼乐滩。

2010 年 8 月，埃克森美孚在其 56 号合同区（SC56）的 4 口井中发现天然气，随后壳牌又通过购入股权，进入 Malampaya54B 区块，并发现油气。此外，壳牌还将开始对其 SC60 区块开展勘探。2010 年 10 月，壳牌开始与 Nido 石油公司合作开发 Malampaya54B 区块。2010 年 11 月，Shell 公司与 EMGS 公司签订菲律宾 SC60 区块 3D 地震调查合同，该合同总额超过 200 万美元。2011 年 1 月，Shell 公司获得菲律宾 SC54B 区块 45% 的股权，但是其要承担开钻 Gindara—1 勘探井总计约 2400 万美元的 75% 并支付 Nido 和 Kairiki 早期联合地震勘探所花费的 250 万美元。2011 年 3 月，菲律宾能源部批准 Nido 石油公司 SC54B 区块 Gindara—1 钻探计划，该区块的集团成员包括：Nido 公司（经营公司，33% 股权），Kairiki 能源公司（前 Yilgarn 石油公司，22% 股权）以及 SPEX 公司（45%）。SPEX 公司负责钻探费用的 75%，还需支付 250 万元的前期地震勘探费。受到经济实力的限制，菲律宾政府近年更是积极引入外资发展能源产业，通过立法手段推动外国企业投资其能源开发。

1.3.6 印度尼西亚南海油气资源开发状况

(1) 石油生产能力和消费情况

印尼是东盟最大的石油生产国和出口国，同时也是世界上主要的石油和液化天然气出口国之一。该国的原油和天然气储量非常丰富，石油蕴藏量估计为500亿桶。印尼苏门答腊岛1885年就打出了第一口油井，世界石油巨头壳牌石油公司就是依靠荷属东印度（即今日之印尼）的油气资源起家的，日本发动太平洋战争的重要目的之一也是攫取荷属东印度的石油资源。在欧佩克组织成立两年后，印尼就加入了欧佩克组织。20世纪60年代末，印尼石油产量高速增长，70年代中期达到接近年产8000万吨的最高峰。然而，此后这个国家石油开采设备日趋老化，石油开采和提炼能力不断下降，到2000年石油产量已经下降到6780万吨，随后一路下滑，到2003年降到5400万吨，从石油净出口国变为石油净进口国，低于欧佩克组织分配给印尼的日均131.6万桶（合年产6580万吨）的配额。2013年更是降到年产4180万吨的低谷。

2015年，印尼本国每天的石油生产能力约为85万桶，而每天消费量则达到140万桶，每天约有55万桶的石油供应缺口，需要通过进口予以满足。预计今后这一缺口将继续扩大，将达到每天100万桶的规模。除此之外，由于印尼的石油投资低下，严重依赖国外投资，本国石油勘探、开发以及炼油技术水平长期得不到提升，严重影响了印尼石油工业的后续发展。

(2) 南海油气资源开发状况

印度尼西亚约有60个沉积盆地，其中73%位于海上，目前已勘探的36个含油气盆地主要位于西部地区，主要的含油气区有苏门答腊油气区、爪哇油气区、东加里曼丹油气区。印度尼西亚70%的天然气储量位于海域。另外，印度尼西亚在南沙海域也有油气资源开发活动，主要集中在纳土纳盆地附近，自1968年开始在纳土纳地区进行油气勘探，至今已发现1个油田（Bursa）、2个气田及多个天然气井。

在油气资源合作方面，印度尼西亚早在1960年就制定出台了《石油和天然气工业法》，之后又在不同的时期颁布和规范石油法令，从租让合同到工作合同再到产量分成合同和联合经营产量分成合同，目前主要采用产量分成合同形式。近年来，随着油气产量的下降，印尼提供了更为优惠的产量分成合同，即除由印尼占有51%的股权外，剩余的部分归外国公司所有。截至2015年，与印尼合作的国际石油公司包括：Conoco Phillips、CNOOC 和 Premier Oil，PT Pertamina 及道达尔、BP Migas、雪佛龙公司、埃克森美孚、康菲等。其中雪佛龙公司的石油产量占了印尼产量的45%，而 PT Pertamina 及道达尔、埃克森美孚、Vico（BP 和埃尼公司的合资公司）、康菲、BP 和雪佛龙6个国际公司负责印尼的天然气生产，合计产量占印度尼西亚天然气总产量的90%。2008年以前，印度尼西亚在南沙海域的纳土纳油气田油气资源合作项目并不多。2010年12月，Pertamina 和 ExxonMobil 签署合作开发东纳土纳天然气初步协议。2011年3月18日，Lundin 石油公司获签印尼纳土纳海域 Gurita 区块合同，Lundin 石油公司拥有100%股权，合同内容包括3D 地震调查在内的一系列勘探工作。

截至2012年末，印尼在南海南部海域的钻井超过1650多口，生产井1300多口，平均日产石油17.5万吨，2012年总计石油开采量约6300万吨，天然气开采量约计730亿立方米。

1.3.7 文莱南海油气资源开发状况

在南海周边国家中，文莱是典型的靠石油发家的国家，其石油天然气工业产值约占其国内生产总值的40%，一度曾高达60%以上。文莱的油气勘探开发活动主要集中在文莱-沙巴盆地。从20世纪90年代中期开始，勘探活动逐步向该盆地以北的深水区推进，深入到南沙海域，并获得一系列油气新发现。至目前为止，文莱已在该盆地内发现了 Bakau、W. Lutong、Baronia、Tukau 等13个油气田，其中有8个位于我国传统海域疆界线以内。

文莱的石油工业完全由文莱壳牌石油公司（BSP）垄断。BSP 拥有七个海洋油田，包括 Champion 油田（拥有文莱40%的石油储量，当前产量约为5万桶/天）、Southwest Ampa 油田（最老的油田，拥有文莱天然气储量和产量的一半以上）、Fairley 油田、Fairley-Baram 油田、Gannet 油田、Magpie 油田（自1977年开始投产，当前产量为1万桶/天）和 Iron Duke 油田。BSP 同时还拥有两个陆上油田，分别为 Rasau 油田、Seria-Tali 油田。2013年，文莱出口石油每天达1.2万桶。文莱石油的主要消费国包括日本、韩国、美国、澳大利亚、新西兰、中国和印度。

与马来西亚一样，文莱在南沙海域的石油开发活动也是坚持"少谈主权，多采油气"的政策。2008年以来除了与荷兰壳牌公司的合作之外，还积极引入其他石油公司以加强合作开发。2008年10月，文莱航测地球物理最大的海岸 M 区块。参与调查的石油公司包括：Tap 石油公司、Triton Borneo 公司、China Sino 石油公司和 Jana 公司，四方所占的股份依次为：39%、36%、21%、4%。11 月，道达尔公司（Total）在文莱海域 B 区块所钻的 ML—4 发现重要的天然气及凝析油。Total 公司负责 B 区块的勘探并拥有该区块 37% 的股份，壳牌深水婆罗洲公司（Shell Deepwater Borneo）拥有 35.5% 的股份，剩余的 27.5% 股份归当地的合作公司所有。Total 还拥有深水区块 60% 的股份以及勘探权。该合同签订于 2003 年，但因菲马之间的划界纠纷，勘探活动于 2005 年 5 月停止。

南海周边国家一方面侵入我国传统海疆线内大肆掠夺油气资源，另一方面又在南海提出主权声索，企图为其非法开采油气找到法理依据。

1.4 中国南海政策的历史嬗变及南海资源开发

1.4.1 中国南海政策的历史嬗变

20 世纪 50—60 年代的南海政策以主权宣示为主。中华人民共和国成立不久就明确对南海的主权进行了宣示。1950 年 5 月，中国政府就发表声明，强调"中华人民共和国绝对不允许团沙群岛（即南沙群岛）及南海中任何属于中国的岛屿被外国所侵占"。由于当时海军力量不足，中国人民解放军并未能进驻南海所有群岛实施有效控制。在 20 世纪 70 年代前，海军只进驻了西沙群岛中的宣德群岛。但中国渔民捕鱼作业的活动范围则包括西沙、南沙等南海诸岛。从某种意义上讲，在该时期，南海问题并没有成为中国外交中的一个重要问题。尽管此时的南海周边国家，尤其是越南和菲律宾，曾经采取侵犯中国岛屿主权与管辖权的若干行动，但是还比较有限，并未造成紧张情势。

20 世纪 70—80 年代的南海政策以有限自卫与主权宣示相结合。20 世纪 70 年代中期，南海周边邻国开始侵占中国南海诸岛，其中尤以越南当局为甚。中国政府不断地进行主权宣示，声明中国人民通过最早发现、最早命名、最早经营开发形成了对南海诸岛拥有无可争辩的主权。

1979 年以后，伴随中国改革开放的开始，中国开始进行南海的海洋调查。根据 1987 年联合国教科文组织海委会第 14 次会议的决议，中国于 1988 年初在南沙永暑礁建立海平面观测站，同时进驻赤瓜礁等 5 礁。越南公然对中方人员进行攻击，最终导致"三一四"海战，中国进行了有限的自卫还击，但并未收复任何被越南侵占的岛礁。由此可见，中国在南海政策上即使在冲突无法规避的情况下仅进行了有限自卫，保持相当的克制，避免了事态的扩大化。中国政府在1988年5月12日发表的《关于西沙群岛、南沙群岛问题的备忘录》中就提出了"将南沙问题暂时搁置一下，将来商量解决"的主张。在国内政策层面，为宣示中国对南沙诸岛的主权并加强行政管辖，中国政府先后于1982年设立海南行政区、1988年改设海南省，将西沙群岛、南沙群岛、中沙群岛的岛礁及附近海域纳入其管辖范围。中国始终在法理上占有主动地位，向世界表明，中国一直抱有和平解决争端的愿望。这也为日后政策的调整留下了余地。值得一提的是，"搁置争议，共同开发"的思想在这一时期被提出，并显露出政策化的迹象。

20世纪90年代以来，南海政策以"搁置争议，合作开发"思想为主导的政策调整。中国在南海问题上面对着不同于20世纪70—80年代的地区和国际环境，南海问题呈现出复杂化的态势，并突出表现为东南亚南海争端方国家不断挑起事端、《海洋法公约》生效、美国等区外国家渗透等因素对南海问题的影响日趋增强。

面对南海问题发展的新动向，尤其是美国以"冷战式"对抗色彩介入南海，使得2017年以来南海局势出现波澜，中国保持了相当的克制，并积极推进与有关南海争端方的双边交涉和协商，力争保持南海形势的可控制状态。当前，中国固然不希望以军事手段乃至战争的方式解决南海问题，也不会放弃"搁置争议，共同开发"总体原则，但问题的关键是中国必须有足够的手段遏制周边少数国家破坏现状的做法和有能力抵御美、日等国针对南海可能存在的军事介入，进而迫使南海争端方回到"搁置争议，共同开发"的轨道上来。

1.4.2　中国解决南海问题的基本方针

中国解决南海问题的方针是共同开发。共同开发是中国领导人富有政治智慧的设想，不影响也不干涉各自的法律体系，而是通过双边协商达成一个彼此都能接受的规范和安排，是广义国际合作开发的一种形式。合作开发既是一种经济行为，也是一种创新活动，而其本质就是改变由于产权模糊或争议导致的高昂交易成本和资源的废置，通过合作开发而相互影响产生协同作用，形成合作承担风险，使其整体利益超过部分利益之和的利益合作体，进而提升各自发展潜能的合作过程。

针对南海的复杂局势，中国政府所实施的基本方针是"主权属我，搁置争议，共同开发"，这是中国和平友好对外政策的具体体现。"搁置争议"绝不是

"搁置主权","共同开发"也不是单向"排我开发"。"主权属我,搁置争议,共同开发"的具体含义包括以下几个方面:

第一,南海主权归属于中国不容置疑。南海地区特别是南沙群岛历来都是中国的神圣领土,中国拥有充分的历史和法理依据,中国对南沙群岛拥有不可争辩的主权,这一点是不容置疑的。邓小平同志维护主权的立场是十分坚定的,曾多次向世人表明,主权不是一个可以讨论的问题。1988年4月16日,在会见菲律宾总统阿基诺时,邓小平强调,"对南沙群岛问题,中国最有发言权。南沙历史上就是中国领土",进一步重申了"主权属我"的主张。

第二,针对南海局势的复杂性而采取搁置争议的临时性策略。目前南沙主要岛屿被五国六方(中国、越南、菲律宾、马来西亚、文莱,以及中国台湾地区)所控制,其海域被六国七方所分割,使南海海域由一个本无争议的海域成为当今亚太地区的一个热点问题。在这种复杂的情况下,在不具备彻底解决争议的条件下,我们提出暂把争议搁置起来。但这绝不等于放弃主权。而是从实际出发,本着实事求是的精神,在维护主权的基础上,为了维护周边稳定的大局而提出的战略方针。

第三,争议各方在互利合作基础上共同开发。所谓共同开发,就是避开主权问题,按双方协议和方案合作开发海洋资源,分配利益。南沙群岛有着极其重要的地理位置,又蕴藏着极为丰富的油气资源。一些周边国家在抢占南沙群岛的同时,疯狂掠夺南海中的自然资源。目前,超过1380口油井被东南亚国家勘探和开发,每年开采的石油超过5000万吨。可是作为南沙群岛的主权国——中国,却没能在南海更好地实现自己国家利益。中国必须在资源的开采方面,采取切实的行动。互利合作,共同开发,加快步伐在南沙实现自己的国家利益,维护国家的海洋战略。

1.4.3 中国对南海油气资源开发的参与

中国开发经营南沙群岛并持续对南沙群岛行使主权管辖最早可以上溯到汉代。唐宋以后,南海成为中国对外交流的纽带,所谓"通海夷道"。明代郑和下西洋进一步推动了中国对南海的开发和利用。中国政府对南沙群岛行使管辖权还表现为一系列持续和有效的政府行为,这为中国拥有南沙群岛及其附近海域的主权提供了确凿的法理依据。在20世纪70年代以前,南海区域尚不引人注意,直至60年代末和70年代初,联合国亚洲和远东经济委员会(ECAFE)的考察报告指出南海海底蕴藏有大量的石油资源,特别是经历了1973年的"第一次石油危机"之后，南海周边各国立即分别对南海各岛屿的全部或部分声称拥有主权，对南海油气资源进行抢夺，使得南海问题备受世界关注。

从20世纪70年代开始，南沙海域周边国家竞相把南沙海域油气开采权对外开放招标，越南、菲律宾、马来西亚等国分别同美国、日本、英国、荷兰等30多个国家签订了一系列合作开发南沙石油、天然气资源的合同。到20世纪90年代末期，有关周边国家已经在南沙海域钻井1000多口，其中位于中国传统海疆线以内的油气田有100多个。马来西亚是产量最多的国家，其次是文莱和越南，越南的油气产量增长较快。据2009年资料显示，南沙海域产油6340万吨，产天然气730亿立方米。目前周边国家在南沙海域有1824口油气井，发现油气田200余个，探明油气资源量约200亿吨。其中在中国的传统疆界线有58个油田，48个气田；探明可采石油储量13.46亿吨，天然气储量3.53万亿方。而中国目前在南沙海域并没有开发自己的油气井，更没有产出一桶油。造成这种被动局面的原因是复杂的，也是多方面的，但主要还是中国从稳定南海局势的大局出发，保持克制的结果。比如，1992年中海油与美国克里斯通能源公司曾签署了"万安北—21"区块石油开发合同，这本来有望成为中国在南沙群岛海域的第一个油气开发区块，但由于越南方面的百般阻挠，该合同不能正常执行。尽管"万安北—21"合同区块远离越南大陆架，而且没有其他势力在此开发，更不涉及第三国单方面的海上界限。但中国方面为避免事态恶化，始终基于大局意识而自我克制，中国勘探船在尚未展开作业的情况下撤离作业区返航，此后十几年再未进入该海域作业。

自2009年以来，围绕争夺油气资源而展开的南海问题不断升级并呈现愈演愈烈之势。2009年2月17日，菲律宾国会通过了"领海基线法案"，把我国的黄岩岛和南沙群岛部分岛礁划为菲律宾领土。2009年5月6日，马来西亚与越南联合向联合国大陆架界委员会提交了他们各自在南海南部的200海里外大陆架"划界案"。2009年5月7日，越南又单独提交了在南海中部部分地区的外大陆架"划界案"，几乎把整个南海海域瓜分殆尽。2010年4月1日，在两艘越南海军舰艇的护卫下，时任越南国家主席阮明哲登陆了越南和中国双方有争议的南海白龙尾岛。2011年9月27日，在日本访问的菲律宾总统与日本首相举行会晤并发表联合声明，双方在声明中同意加强两国海军联系，以应对中国不断增长的军事实力及在本地区"日益强硬的领土主张"，并重申了他们在南海拥有"重大利益"。

近年来，南海周边各国大肆引进外国公司参与南海油气资源开发的势头不断上升。2011年和2013年，印度不顾中国反对，先后两次与越南签署了相关的争议区域海上油气开发协议，执意卷入南海争端。随着如今海洋油气开发不断向深水区迈进，南海周边国家正在掀起新一轮油气勘探开发的热潮。在南海周边国家大肆开采我国南沙海域石油资源的情况下，我国在南沙海域的油气资源维权形势不容乐观。即使2016—2017年南海局势有所降温，出现相对缓和，但仍呈现出复杂化、国际化局面。

1.4.4 中国南海油气资源的开发实践

我国在南海的油气资源开发主要集中在靠近大陆架附近的北部浅水区域，大致可分为三个阶段：第一个阶段是从20世纪50年代末期到70年代末期。主要是海上油气资源开发起步阶段。水平和规模均比较落后，20年间总计钻井数不到20口。标志性事件是1963年打出了具有海洋石油起步标志的"莺1井"。第二个阶段是从20世纪80年代初期到21世纪初期。主要是规模化发展阶段，标志性事件是1982年中国海洋石油总公司成立。中国加大了对南海油气资源的勘探和开发力度。中海油采取对外合作的方式，加快了南海油气资源的勘探开发速度，先后通过与美、英、法、日、澳等多个国家石油公司合作引进了国外的先进技术和管理经验，使得我国海上钻井技术获得了较快的发展。第三个阶段是从21世纪初期到现今，进入全面发展阶段。标志性事件有三个：2005年12月中海油在南海东部海域的第一个自营开发的油田——陆丰13-2成功投产；2006年6月在珠江口盆地荔湾3—1大气田的发现，标志着中国海上油气勘探与开发正式进入深水区；2010年2月中海油3000米深水半潜式钻井平台"海洋石油981"出坞，标志着我国跻身世界海洋深水装备领先行列。

20世纪80年代，我国在南海北部的油气勘探开发曾经有过一段低谷期。当时我国通过对外开放，吸引国外资金和先进技术，合作勘探开发南海油气资源。中海油公司先后与美、英、法等10多个国家的40多家石油公司签署协议，对南海海域进行地球物理勘探和地震普查，发现了不少油气构造盆地。通过"市场换技术"的合作方式，中海油获得探明油气田51%的权益，同时还可获取某些油气开采技术。但最初的勘探结果并不十分理想。由于没有大型油气田发现，在1985年前后，第一批来到南海北部的大石油公司相继离开了。例如1987年由西方石油公司钻探的"白云7—1—1"探井水深达到500米，接近当时的世界纪录，但由于未获得商业发现，外方随即退出，我国在南海北部的油气勘探开发随即进入低谷期。进入21世纪以来，中海油推进深水油气资源开发战略取得重要进展，其与加拿大哈斯基公司等一些国外石油公司合作，加大了在南海北部的油气勘探与开发力度，相继发现了荔湾3—1、流花34—2以及流花29—1等大型的深水大气田，由此获得了巨大的回报，激励着中海油继续向深水区迈进。

从地理分布上来看，我国在南海的油气资源勘探开发主要集中在南海北部靠近大陆架的浅水区域，包括莺歌海盆地、北部湾盆地、珠江口盆地以及琼东南盆地，而在北纬17度以南的海域基本上没有涉足，作业海域的水深大都在300米以内。在南海北部的油气勘探与生产中，发现新生代油气沉积盆地（或盆地群）39个，主要有：涠洲油田、东方气田、崖城气田、文昌油田群、惠州油田、流花油田以及陆丰油田和西江油田等。我国在南海的油气资源开发活动主要由中海油承担。在油气资源开发过程中，中海油除独立进行勘探与生产外，还积极引入外国公司参与南海北部油气资源的开发。采取的主要方式也是产量分成合同，中方至少占51%的股份。

2008年4月，新田（Newfield）勘探公司在珠江口盆地的LF7—2—1勘探井钻到了石油，其在该区块拥有100%股权。中国的南海油气项目主要集中在南海北部、珠江口盆地，其中位于珠江口盆地的文昌油田群中的四个油田为文昌19—1、文昌15—1、文昌14—3和文昌8—3，2008年7月中海油（CNOOC）获取该四个油田100%股份，并于同年12月，获得了中国资产监督管理委员会的批准。预计在未来10～20年内，将南海的石油产量提高到36700万桶。在该地区与中海油合作开发石油的外国公司有美国新田（NEWFIELD）勘探公司和加拿大赫斯基能源公司（Husky Energy）。2009年4月，中国海洋石油总公司提供南海17个区块招标区，其中有4个在南海西部，其余13个在南海东部。中海油在生产分配协议中拥有51%的股权。2010年6月，CNOOC公司在加紧推进近海15/34区块的股权收购，CNOOC持有75.5%的股权，而Conoci Phillips公司持有剩余的24.5%的股权。2011年5月24日，中海油发布19个开放区块，其中16个在珠江口盆地，2个在北部湾盆地，1个在琼东南盆地。离中国海岸线最远的琼东南65/24区块，有3080平方千米，水深1000～2200米。2010年，中海油在南海的油气产量突破2000万吨。2012年，中海油在南海的油气产量达到2200万吨。除此之外，中海油还积极参与菲律宾海上油气招标区块的招标活动，加强在南沙海域的活动能力。2014年5月，中国"981"钻井平台在西沙海域进行石油勘探作业，引发中越海上对峙事件。"981事件"意味着中国政府在南海政策的转变，逐步由"维稳"走向"维权"，越南也显示了高烈度的对抗态势。

1.4.5 中国南海油气资源的开发困局与合作可能

不可否认,南海争议区油气资源开发活动已经成为引发海上摩擦、冲突事件的焦点。越南在北部湾湾口外、万安北海域已经进行了多轮的油气地质勘探活动,并且取得了良好的油气发现,并开展上钻作业活动。菲律宾在礼乐滩海域和英国弗伦姆能源公司进行了三轮的物理勘探活动。越南、菲律宾都谋求在有关争议区油气资源开发上获得突破。如果越南在万安滩 133—134 区块、156—159 区块强行上钻作业,菲律宾在礼乐滩 GSEC—101 区块强行上钻作业,中国海警将采取维权行动阻遏其开发行为,那么海上冲突有可能再次爆发。

从当前南海复杂的局势可以看出,我国政府所倡导的"搁置争议,共同开发"原则陷入了困难的境地。武汉大学杨泽伟教授认为造成实施合作开发原则陷入困境的原因主要有两个方面,一是理论陷入困局;二是来自现实的挑战。

从理论困局中看,合作开发原则作为一个较新的概念,无论是学术界还是各国政府,对"搁置争议,合作开发"原则都有着不同的理解,对其定义还没有达成一致的观点。这就导致了争议各方在解读这一原则的时候有着较大的随意性和自觉性。同时,合作开发的特征中所包含的临时性也决定了"搁置争议,合作开发"原则不可能从根本上解决领土和海洋权益争端,而只是把有关争端无限期延长,甚至有可能为合作开发后的利益纷争留下隐患。因此,争议各方虽然有可能对"搁置争议,合作开发"原则表示赞成,但在实践中又心存疑虑,担心在未来有关领土和海洋权益争端的谈判中处于被动地位。

从南海地区现状可以看出,南海地区争议各方表面上同意"搁置争议,合作开发"原则,希望以和平方式解决南海争端,而实际上却是"争议不断,我先开发"。这一现状明显与"搁置争议,共同开发"的原则相违背。而造成以上困境的原因主要有以下几个方面:

(1) 中国相应开发活动的缺乏与周边各国加紧单方开发的现实

国际实践表明,争议区域实施合作开发是基于现实需要的考虑,具有明显的功能性特征。然而,目前中国与周边国家之间的大部分争议海域都处在邻国的实际控制、管理或开发利用之下,中国在这些争议海域的实际存在和油气资源开发活动十分有限甚至根本没有,因而处于一种明显的劣势地位。所以,在这种情势下,对这些邻国来说,自然就不存在与中国进行合作开发的必要性和迫切性。同时,合作开发作为一项政治色彩浓厚的国际合作行动,无论是合作开发之前的谈判，还是合作开发协议的实施及其后续行动等各个环节，都受到双方政治意愿强弱的影响。中国与东盟各国虽然于2002年签署了《南海各方行为宣言》，但该宣言没有法律约束力，对相关国家在南海违反该宣言精神的行为缺乏惩罚机制。这就导致了除中国外的南海各方对实施合作开发原则的现实需要不强烈且缺乏实施的意愿，进而只顾自己单方面向外国石油公司招标参与南海油气资源的掠夺性开采。

(2) 南海岛屿的领土主权争端与争议海域的难以界定

从当前已有的国际实践看，合作开发大多数是在两国没有岛屿主权争议的海域重叠区进行的。所以，许多学者甚至认为，合作开发的先决条件应是解决有关岛屿的主权冲突。然而在南海地区，中国与邻国之间存在着岛礁主权争端，导致争议海区界定模糊。虽然中国无论从历史依据还是法理基础来看，对这些岛屿都拥有无可争辩的主权，但是相关国家既不愿搁置争议，也不愿做出让步。因此，合作开发一时难以实现。

(3) 复杂的国际局势与强大的外力干扰

美、日、印等区域外势力的介入，使南海问题更加复杂，它在某种程度上阻碍和干扰了合作开发的推进。近些年来，越南、菲律宾和马来西亚等国纷纷与美、日等国开展军事、经济合作，以抗衡中国。

2010年7月在越南河内举行的东盟地区论坛外长会议上，时任美国国务卿希拉里谈及南海与美国国家利益的关系，强调所谓维护南海航行自由的重要性和紧迫性，越过"恪守中立"的中线，反对"胁迫"、反对"使用武力"或"以武力相威胁"等。2014年7月11日，美国国务院富克斯提出"南海三不建议"：各方不再夺取岛礁，不改变南海的地形地貌，不采取针对他国的单边行动。实际上，美国喊的是一套，做的又是另一套。美国是希望借南海局势的不稳定，能够更多地介入该地区，并且把这些东南亚国家作为它在这个地区的支持者或者是支撑点来维持美国在东南亚的霸主地位。

2011年9月28日，日本防卫省与东盟10国在东京召开了副防长级会议，与会方围绕"在中国南海活动日益活跃的情况下，东盟和日美等国加强合作"达成了与中国见解完全不同的所谓共识。同年9月29日，菲律宾总统阿基诺访问日本并与野田佳彦首相举行会谈，双方一致将两国关系定位为"战略伙伴关系"。对于日本这样一个资源匮乏的国家来说，南海不仅是日本的资源命脉，也是日本海外扩张的必经之路，南海周边所有的东南亚国家都是日本开展对外经贸的传统重点地区。在南海问题上，日本靠近这些国家有利于其抗衡中国的地区影响力。此外，日本更大的企图还是在于实现其在美国地区战略中重要的地位。由于日本的介入和干预，很大程度上煽动了其他东南亚国家的情绪，扭转其立场态度，使得本就敏感的南海问题变得更加紧张。

在南海问题上地处南亚次大陆的印度也推出其"东向政策"，延伸其海军活动范围，并于 2000 年组成海军特混舰队开赴南海。2007 年 5 月印度出台的《印度海洋军事战略》明显地把南海置于印度的利益区域之列。印度的石油天然气公司更是不顾中国的强烈反对，在 2014 年 9 月与越南政府签订了争议区石油开采协议。印度介入南海问题具有明显的选择性，印度一方面称"中菲海上纠纷"是两国双边事务，印度不会干预，另一方面又表示支持菲律宾通过国际仲裁解决南海争端。印度的南海政策是其对华政策中"制衡"特色的反映。

综上所述，在南海争议区实施油气资源的共同开发，其可能性是客观存在的，但是其难度也是显而易见的。争端当事国造成的困局和域外大国的搅局不容忽视。

2 南海油气资源合作开发制度的博弈理论建构

从历史上看，中国是最早发现、开发经营、管辖包括西沙和南沙群岛在内的南海诸岛的国家。根据国际法的"发现原则""先占原则"和"禁止反言原则"，中国对南海的主权主张是无可争议的。一直以来，南海周边国家对南海主权主张一般都是延续上一政权的主张，例如越南声称对其法国殖民政府的历史继承权，菲律宾现在的主张与菲律宾独立后的官方非正式声明也存在一定的承接性，所谓的"南海问题"并不十分突出。自从 20 世纪 60 年代末 70 年代初，联合国亚洲和远东经济委员会（ECAFE）的考察报告指出南海海底蕴藏有大量的石油资源，1982 年《联合国海洋法公约》又获通过，我国断续线内的部分海域与南海周边的其他国家可拥有的专属经济区、大陆架等所在海域重叠，周边各国开始对南沙群岛的全部或部分声称拥有主权，开始勘探开发那里的石油资源，使得南沙群岛的主权纷争不断激化。本章基于合作博弈与非合作博弈理论分别构建南海油气资源开发的理论框架，分析在不同策略下的南海油气资源开发各方的反应策略，为后文建立南海油气资源合作开发的制定框架提供理论基础。

2.1 南海油气资源开发的非合作博弈与合作博弈分析

2.1.1 南海油气资源开发的纯策略博弈描述

本章首先建立完全信息下的纯策略动态博弈模型来分析当前南海油气资源开发的典型态势。我国对南海海域以及南海诸岛（尤其是南沙诸岛）拥有无可争辩的主权，对南海油气资源拥有勘探、开发权，博弈模型中属于主权方，南海周围国家利用其有利的地理优势对南海诸岛以及丰富的油气资源不断地进行侵蚀和抢占，在博弈模型中当属侵占方。当前的情形是侵占方对我国南海诸岛以及油气资源虎视眈眈，其有两种策略：侵占、不侵占；我国（主权方）为了保有最大的国家利益力争阻挠侵占方进入，也有两种策略：宣示主权、军事卫权。假设侵占方进入之前国家利益为 x，侵占方进入之后国家利益为 y（双方各得 $y/2$），侵占成本为 z，显然有关系 $x>y>z>0$。各种战略组合的博弈树如图 2-1 所示（侵占方收益在前，主权方收益在后）：

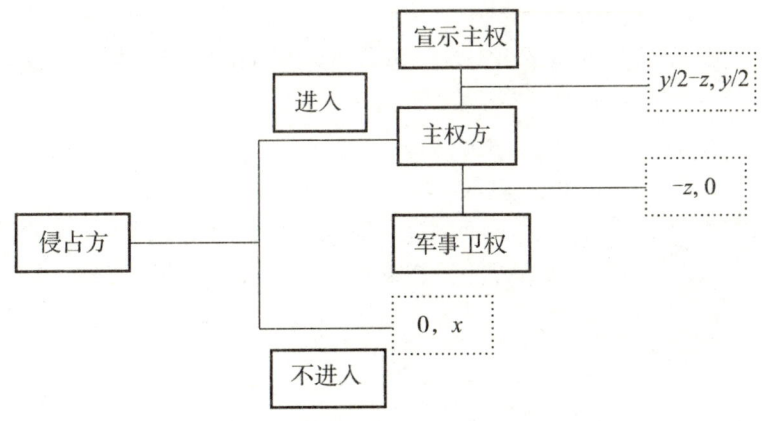

图 2-1 南海油气资源开发博弈描述

该博弈的精炼纳什均衡是（进入，宣示主权），与完全信息静态博弈相比，动态博弈剔除掉了（不进入，军事卫权）的纳什均衡，因为相对于一方先行动，另一方根据前行动方的行动而做出选择。一旦侵占方选择进入，主权方最优的选择是宣示主权。

2.1.2 南海油气资源开发的混合策略博弈描述

之前我们分析完全信息动态博弈条件下，主权方与侵占方的纯策略均衡结果。如果主权方并不是一定会选择宣示主权或军事卫权，而是选择一定的概率进行军事卫权，此时将涉及混合策略均衡问题。假定主权方在给定的侵占方预期的军事卫权的概率条件下选择实际的军事卫权的概率，并且主权方还将考虑到如果不采取军事卫权，油气资源被侵占方盗采将导致国家利益遭受损失。因此采用马龙（2010）设定的主权方的效用函数为①：

$$U(\pi,y) = -a\pi^2 - (y-ky')^2 \quad a>0, k>1 \quad (2-1)$$

其中 π 为军事卫权的概率，y 为实际的国家利益，y' 为发生油气资源盗采下的国家利益。$a>0$ 表示为主权方轻易不会采用军事卫权策略，因为随着军事卫权概率的增加主权方的效用也是降低的。但军事卫权可以减少油气资源的流失，一旦卫权收益大于卫权成本时，主权方将以一定的概率进行军事卫权。$k>1$ 表示为油气资源关乎主权方的国家利益，因此主权方国家利益的损失将高于资源流失的经济损失。② 国家利益与军事卫权的关系可以采用预期的线性菲利普斯曲线形式，即：

$$y = y' + \alpha(\pi - \pi^e) \quad \alpha > 0 \quad (2-2)$$

其中 π^e 为侵占方预期的军事卫权的概率。(2-2)式说明，实际的国家利益是军事卫权概率的增函数，但只有未预期到武装卫权才会影响实际得到的国家利益。

主权方是在给定侵占方预期军事卫权的条件下最大化自己的效用，即是约束条件下求效用最大化问题。式（2-1）、式（2-2）可以合写为：

$$\begin{cases} U(\pi,y) = -a\pi^2 - (y-ky')^2 & a>0, k>1 \\ s.t. \quad y = y' + \alpha(\pi - \pi^e) & \alpha > 0 \end{cases} \quad (2-3)$$

解式（2-3）最优化问题，对军事卫权的概率 π 求偏导可得均衡实际的武装卫权概率为：

$$\pi^* = \frac{\alpha[\alpha\pi^e + (k-1)y']}{a + \alpha^2} \quad (2-4)$$

式（2-4）即给定侵占方预期的军事卫权概率下主权方的反应函数。假定侵占方有理性的预期，即实际军事卫权的概率等于预期军事卫权的概率，将 $\pi^* = \pi^e$ 代入式（2-4）中，求得军事卫权的概率为：

$$\pi^* = \frac{\alpha(k-1)y'}{a} \quad (2-5)$$

式（2-5）得到了均衡时主权方进行军事卫权的概率。其表明主权国将资源流失提升到的国家利益的损失越高（k 越大），军事卫权的概率就越大；主权方国家利益对未预期到的军事卫权概率越敏感（α 越大），军事卫权的概率就越大；同时，主权方越不愿意军事卫权（或者军事卫权的成本越高，即 a 越大），军事

---

① 马龙. 南海争端的博弈分析 [D]. 西安：西安电子科技大学，2010。
② 事实上，侵占方侵入南海区域不仅威胁主权方的矿产及生物资源，并且对主权方海上能源运输通道也造成巨大的威胁。

卫权的概率就越低。

下面分析侵占方的策略选择。假定侵占方选择以一定概率侵占主权方油气资源，如果侵占岛礁或海域没有油气资源，侵占方并不愿意进入，因为进入要付出一定的成本，但如果侵占后可以通过盗采资源弥补侵占成本，侵占方会选择一定的概率进入。设定侵占方的效用函数为：

$$U(\theta,w) = -b\theta^2 - (w-gw')^2 \quad b>0, g>1 \quad (2-6)$$

其中 θ 为侵占方进入主权方岛礁或海域的概率，w 为侵占方实际的国家利益，w' 为侵占方未进入时所遭受的资源损失条件下的国家利益[①]。$g>1$ 表明侵占方将潜在的资源盗采上升到高于国家利益的高度。同样，侵占方的国家利益与进入概率的关系为：

$$w = w' + \beta(\theta - \theta^e) \quad \beta>0 \quad (2-7)$$

θ^e 表示主权国预期的侵占方进入的概率，式（2-7）表明只有为预期到进入概率才能增加侵占方的国家利益。侵占方在给定主权方预期进入概率条件最大化国家效用，因此也是约束条件下求极值问题。即：

$$\begin{cases} U(\theta,w) = -b\theta^2 - (w-gw')^2 & b>0, g>1 \\ s.t. \quad w = w' + \beta(\theta - \theta^e) & \beta>0 \end{cases} \quad (2-8)$$

求得均衡时实际的进入概率为：

$$\theta^* = \frac{\beta[\beta\theta^e + (g-1)w']}{b+\beta^2} \quad (2-9)$$

假定主权方有理性的预期，即预期的进入概率与实际的进入概率相等，将 $\theta^* = \theta^e$ 代入到式（2-9），求得：

$$\theta^* = \theta^e = \frac{\beta(g-1)w'}{b} \quad (2-10)$$

式（2-10）得到了均衡时侵占方进入的概率。其表明侵占国将潜在侵占的油气资源提升的高度越高（g 越大），侵占方进入的概率就越大；侵占方对未预期到的进入概率越敏感（β 越大），进入的可能性就越大；同样，侵占方进入的成本越高，进入的概率就越低。至此，混合策略博弈均衡的结果为（θ^*, π^*）即侵占方以 θ^* 的概率侵占主权方资源，主权方以 π^* 的概率进行军事卫权。参数的变化将决定最终的均衡结果。主权方即可以通过改变己方的参数提高武装卫权

[①] 与式（2-1）不同，w 实质是指侵占方未进入时的机会成本。

的概率，也可以间接影响侵占方的参数，降低其侵占我方资源的概率。① 后文还将具体分析这些策略。

2.1.3 哈萨姆·加拉对合作开发的阐释

纵观世界主要的海洋油气资源纷争，"搁置争议，共同开发"是最行之有效的解决纷争策略。有争议国家间能够实现合作开发不仅有利于尽快实施合作开发石油资源，也推动了合作国关系的发展。② 同时，"搁置争议，共同开发"也是我国多年来解决南海主权问题的一贯主张，此项主张被认为是目前处理南海（尤其是南沙）争议的最现实可行的途径。③ 然而，为何这一有效主张在其提出了十几年之后仍未得到实现呢？各方学者都给出了很多不同的答案，一种比较流行的观点是由印度尼西亚外交官哈萨姆·加拉（Hasjim Djala）提出，他将其原因归结为四点：①各声索国权益主张范围大量重叠且均不以自己声索范围为争议区域。②由于联合国海洋法公约对岛屿、岩礁的权利规定不明确，故有些声称者认为，在所有南沙岛礁可以全部主张领海、专属经济区；另一些声索国则认为，在岩礁、暗礁上建筑设施可作为声称专属经济区和大陆架的依据。③许多声索国无认真考虑海洋法公约中有关"半封闭海"的规定，特别是半封闭海有关再生资源的勘探与开发、海洋环境保护、海洋科学研究活动的合作等。④对合作开发的理解缺乏共识，在声索国中有一种强烈的倾向，即合作开发不能在自己的声索区域，只能在别人的声索区域，或在他的声索区域之外。④

哈萨姆·加拉（Hasjim Djala），系印尼前驻联合国、美国大使，南海冲突非正式研讨会召集人。他固然提出"搁置争议，共同开发"主张在实践操作过程中所面临的一些困难，但他并没有深入剖析该项主张未能得到实现的深层次原因，也就是说即使他所提到的这四方面原因都得到解决的话，是否"搁置争议，

---

① 诚然，本节考虑的仅仅是博弈双方间的策略以及影响最终博弈结果的行动。但现实中博弈主体受到的影响因素极为复杂，南海合作开发的背后其实不仅仅是中国和争端方的简单关系，而是涉及国际势力和不同国家国内政治因素的问题。但这些因素会间接地影响各参数变化，而只有博弈双方才能直接影响到参数变化。因此，为分析简便，本节有选择地过滤掉一些间接因素的影响。

② 胡德坤，杜婧文. 二战后海洋油气资源勘探开发中的国际合作与争端研究 [J]. 武汉大学学报（人文科学版），2011，(05).

③ 人民日报，1995-7-31 (1).

④ Hasjim Djala. The Relevance of the Concept of Joint Development to Maritime Disputes in the South China Sea [J]. The Indonesian Quarterly, 1999，(3).

共同开发"的主张就能得以实现呢？回答这个问题还需要从有关博弈各方最本质的动机出发，我们从博弈论的视角重新审视这一主张的实施条件以及相应的解决对策。

2.1.4 合作开发可行性的博弈论解释

之前我们分析的南海油气之争实质是一种非合作博弈，即争议的双方的利益是互不相容的，一方利益的增加必然伴随另一方利益的减少。主权方与侵占方都是在利益相互影响的局势中选择决策使自己的收益最大。而在南海争端中，我国一直主张的"搁置争议，共同开发"策略则是化解非合作博弈中负和博弈均衡[①]的有效手段。中国做出的"搁置争议，共同开发"的主张实质是做出了军事卫权的概率为零的承诺，此时由式（2-1）可知，中国的效用水平为：

$$U(\pi,y) = -(y-ky')^2 \quad k>1 \quad (2-11)$$

由于侵占国是理性的，其预期的军事卫权概率与实际的军事卫权概率相等，则国家利益独立于军事卫权的概率（$y=y'$），说明中国采取了军事卫权但却无法从卫权中使得国家利益增加。此时将 $y=y'$ 代入式（2-11）消去 y 得：

$$U_h(\pi,y) = -(k-1)^2 y'^2 \quad k>1 \quad (2-12)$$

下脚标 h 表示合作情形下效用水平。而如果中国未承诺军事卫权的概率为 0，此时军事卫权的概率为式（2-5），将式（2-5）代入式（2-1），求得此时的效用水平为：

$$U_z(\pi,y) = -(k-1)^2 y'^2(1+\alpha^2/a) \quad k>1 \quad (2-13)$$

下脚标 z 表示争端情形下的效用。显然，经过比较 $U_z(\pi,y) < U_h(\pi,y)$。即中国选择最优军事卫权概率时的效用小于"搁置争议，共同开发"策略下的效用。那么为什么中国要选择一个大于 0 的最优军事卫权概率，而不选择零军事卫权概率的"搁置争议，共同开发"策略呢？这里主要是由于零军事卫权概率的承诺是不可置信的，我们假定侵占国相信中国的军事卫权概率为 0，即 $\pi^e=0$。此时，由式（2-4）可知中国选择的最优军事卫权概率为：

$$\pi^* = \frac{\alpha(k-1)y'}{a+\alpha^2} \quad (2-14)$$

[①] 负和博弈是指双方冲突和斗争的结果，是所得小于所失，就是我们通常所说的其结果的总和为负数，也是一种两败俱伤的博弈，结果双方都有不同程度的损失。争端是南海油气资源开发一种解决手段，其结果必然会导致两败俱伤，是争斗双方都不愿意看到的。

将式（2-14）、式（2-2）代入式（2-1）中，此时的效用水平为：
$$U_c(\pi,y) = -[1-\alpha^2(a+\alpha^2)^{-1}(k-1)y']^2 \quad (2-15)$$
下脚标 c 代表中国没有兑现承诺时的效用水平。经比较可知，$U_c(\pi,y) > U_h(\pi,y)$，即中国选择军事卫权概率大于零时的效用要大于军事卫权概率等于零时的效用水平。因此，即使中国承诺了零军事卫权概率，也没有动机实现，理性的侵占国会预期到这一点。所以对于其他侵占国来说，中国所做出的"搁置争议，共同开发"承诺是不可置信的。同样，站在侵占国的角度，其做出的进入概率为 0 的承诺也是不可置信的，理性的主权国会预期到侵占国将会选择以确定的最优概率 θ^* 进入。

综上分析，"搁置争议，共同开发"的主张无论对于主权方还是侵占方都是更优的解决办法（此时双方的效用都会得到提高），但由于缺乏行之有效的约束机制，"搁置争议，共同开发"缺少生存的土壤，双方都陷入负和博弈的两败俱伤当中。因此，找到如何实现这一共赢主张的有效途径成为目前解决南海问题的当务之急。

2.2 基于博弈论视角的南海油气资源开发的现实分析

2.2.1 我国南海油气资源正被周边国家不断侵蚀

我国南海油气资源被周边国家侵蚀由来已久。越南是南海油气资源开发中受益最多的一方，1974 年在巴地-头顿近海发现白虎、青龙和大熊三个油田之后，石油开发获得突破性进展。其中青龙油田处于中国拥有主权的海域之内，越南开发青龙油田严重侵犯了中国的主权和海洋权益。马来西亚是在南海争议海域钻井最多的国家，在 1979 年出版的一张领海和大陆架疆域图上，就把南沙海域东南部的 12 个小岛礁划为自己的范围。2005 年马来西亚石油平均产量稳定在 80 万～100 万桶/日，其中天然气液体产量为 10 万桶/日左右。近年来，马来西亚不断与外国石油公司合作开发中国主权范围内海域的油气资源，开发范围深入到中国传统疆界线以内 20 公里。菲律宾是最早动手侵占我国南海油气资源的国家。20 世纪 60 年代开始，菲律宾就引入外国石油公司，开始合作进行南沙油气资源勘探。1974 年，菲律宾将南海的礼乐滩租给瑞典石油公司进行勘探，共钻井 37 口，其中有 7 口位于中国传统疆界线内。2003 年，菲律宾能源部开始海上新一轮公开招标，吸引了众多国际石油公司。该招标区域有近10万平方公里进入中国传统疆界线以内。文莱靠油气资源开发一跃成为南海区域人均GDP最高的国家。从20世纪70年代开始，文莱加强与外国石油公司的合作，对南海海域进行石油资源的勘探和开发，2000年以来文莱的石油95%以上、天然气85%以上用于出口。文莱的石油和天然气是经济的两大支柱。印度尼西亚的石油、天然气的储量在世界上占有重要地位。石油储量约为1200亿桶，2007年以来共获得18个新的油气发现，其中石油发现为7个，天然气发现为11个。印尼曾是亚太地区唯一的欧佩克石油生产国，石油和天然气为国民经济的支柱产业，占政府收入的20%以上。上述两国大陆架划界已伸入到我国传统疆域内。

2.2.2 我国对南海油气资源合作开发的努力

自20世纪70年代中国提出在南海争议海域"搁置争议，合作开发"的主张以来，南海争议各方向着最终的合作开发目标不断迈进，形成了一些趋向合作、协商方式解决南海油气争端的制度框架。但迄今为止，在南海争议区域内尚未达成任何最终的合作开发协议。为何合作开发的合作机制迟迟未能达成？本节结合上文的动态博弈结果，针对南海区域的特性以及争议各方和区域外大国等因素对南海油气资源开发博弈进行现实分析。

南海油气资源合作开发的合作框架建立虽然进展缓慢，但争议各方逐渐认识到解决油气争端的最终解决办法还是合作开发，这实质是一种由非理性决策向理性决策、短视决策向长远决策的过渡。近年来中国、菲律宾、越南、马来西亚、文莱等争端国家不断加快合作步伐，向合作开发南海油气资源的目标迈进。有代表性的是2002年底中国与东盟国家签署的《南海各方行为宣言》（下称《宣言》），这一《宣言》又将原有处于冲突边缘的争议各方拉回到了合作的框架内。虽然《宣言》只是一个非常宽泛性的框架，约束力还存在一定限制，但这表明我国以及争议各方在南海问题上的态度和诚意，避免了由于短期的非理性而造成无法挽回的冲突和突发事件。以《宣言》为契机，我国随后与菲律宾、越南、文莱开展了多项合作开发油气资源的前期准备工作和制度框架。如2003年11月11日，中国海洋石油总公司与菲律宾国家石油勘探公司签署意向，双方组成了联合工作委员会，联合勘探开发南海的油气资源；2004年9月，菲律宾总统阿罗约与我国领导人就南海问题达成了"通过和平方式，加强相互协调和沟通，合作开发利用南海资源"的共识，并签署了联合勘探南海资源的协议；同年，文莱苏丹（国王）博尔基亚访华期间与中国签署了石油天然气合作协议；2005年3月

14 日,中、菲、越三国签署了《在南中国海协议区三方联合海洋地震工作协议》。这是继 2004 中菲双方签署在南海合作研究油气资源协议后,南海资源合作开发取得的又一新进展。2000 年 12 月 25 日中国与越南在北京正式签署了《中华人民共和国和越南社会主义共和国关于两国在北部湾领海、专属经济区和大陆架的划界协定》(以下简称《协定》),结束了长达 27 年的北部湾划界谈判。北部湾油气资源丰富,地质构造复杂,为了避免出现跨界油气储藏区开采争端,《协定》的第七条中特别规定"如果任何石油天然气单一地质构造或其他矿藏跨越本协定第二条所规定的分界线,缔约双方应通过友好协商就该构造或矿藏的最有效开发以及公平分享开发收益达成协议"①。2006 年 11 月 16 日,中国海洋石油总公司与越南石油公司签订合作协议,开始合作开发在两国海域内的北部湾油气资源。2013 年 6 月,双方签署了《关于北部湾油气勘探合作协议》,将最初共同勘探的 1541 平方公里扩大到 4076 平方公里。中越北部湾区域油气资源合作开发为南海油气资源的合作开发探索提供了一个范本,在争议各方本着长远利益与合作意识的基础上,实现"搁置争议,合作开发"的合作博弈结果是很有可能的。

2.2.3 未来南海油气资源合作开发面临的变数

未来南海油气资源合作开发主要存在以下几个方面的问题:

(1) 缺乏制度约束,违约成本低廉以及争议各方利益短视阻碍了合作开发机制得以实现

前文说到,有关争议各方已经越来越认识到南海争议区域油气资源的合作开发将是未来的大趋势,也是最优的博弈结果。但问题是在合作开发的谈判过程以及最终的框架确定下,如何实现己方的利益最大化是各方争议的最终出发点,这也是导致世界各个争议区域合作谈判都旷日持久的根本原因。众所周知,中国有比较充足的历史和法律文件来证明对南海岛礁拥有主权。我国提出的"搁置争议,共同开发"的主张也得到了周边各国的认同。但有关争议国出于短期利益最大化的考虑,允诺合作开发的同时,却一刻不停地加强对已占岛礁和海域的实际控制,并加快争议海域油气资源攫取的步伐。2007 年 4 月,越南在南沙海域划定了部分油气招标区块,菲律宾近年来更是在南沙海域小动作不断。由上文的博弈

---

① 《中华人民共和国和越南社会主义共和国关于两国在北部湾领海、专属经济区和大陆架的划界协定》参见中华人民共和国外交部网站。

分析可知，在纯策略博弈中，主权方对侵占方的威胁（即做出"你若进入我就军事卫权"的承诺）是不可置信的，一旦侵占方选择进入，主权方最优的选择是宣示主权。此时，主权方仅凭不可置信承诺无法实现国家利益最大化，侵占方会理性地预期到主权方的"虚张声势"，进而加紧对主权方资源的掠夺。而在混合策略博弈中，即使中国承诺了零军事卫权概率，也没有动机实现，理性的侵占国会预期到这一点。所以对于侵占国来说，中国所做出的"搁置争议，共同开发"承诺是不可置信的。同样，站在侵占国的角度，其做出的进入概率为0的承诺也是不可置信的，理性的主权国会预期到侵占国将会选择以确定的最优概率θ^*进入。为何会存在不可置信的承诺呢？原因在于合作博弈能够达成的前提是必须有一个权威的仲裁机构或者是具有较强约束力的制度安排存在。南海争议各方虽然签订了《南海各方行为宣言》（以下简称《宣言》），却是一种缺乏约束力的承诺，其结果必然是不可置信。同时东南亚争议国家由于国家特性、社会制度和经济发达程度等方面的原因，追求利己的短期利益，没有将合作开发视为一种长期利益最大化决策的考量，加之《宣言》缺乏惩罚机制的制度安排，导致了违约方（侵占方）的违约成本低廉，而我国则需要顾忌诸如国际形象、国家公信力等其他方面的因素，违约成本高昂，这就导致了上文混合策略下的博弈结果：侵占方以极高的概率侵占主权方油气资源，而主权方以极低的概率进行武装卫权。这正是当前南海油气资源合作开发的真实写照，未来实现合作开发的最终结果存有变数。

（2）我国与争议各方实力悬殊且争议区域多涉及多边争端，增加了合作开发实现难度

从力量对比的角度来看，中国和东盟各国在军事实力和经济实力方面不可同日而语。中国作为正在复兴的大国，经过30多年的改革开放，综合国力有了飞速的发展，成为世界第二大经济实体，现代化武器装备体系已基本形成。而反观东南亚各争议国，虽然进入21世纪以来，经济增长迅速，但20世纪发生的亚洲金融危机的阴影还没完全消除，经济体系脆弱，发展基础不牢靠。军事实力上也完全无法与中国抗衡。这种力量对比的悬殊，造成了其他争议方对中国"搁置争议，共同开发"主张的不信任，进而导致在资源开发的博弈中存在两种心理：一是"光脚的不怕穿鞋的"心理，一些国家有着小国的侥幸心理，经常在私下里搞一些动作，偷偷摸摸地获取资源，认为中国不会因为他们的这些行为而大动干戈，破坏区域的稳定性；另一方面，这些国家也存在着自卑与胆怯心理，自知自身实力与中国相差悬殊，不敢与中国正面抗衡，因而明目张胆地拉拢区域外大国

给自己"壮胆",抗衡中国。主权方越不愿意军事卫权,军事卫权的概率就越低。南海其他国家预期到了在当前的国际环境下,中国进行武装卫权的成本过高,才导致这些国家的动作不断。另外,南海区域存在多边争端,也加大了合作开发协议的达成难度。我们知道,在南海区域,争端各方各自主张的主权区域相互重叠,错综复杂,很多岛礁以及海域都有三个以上的国家有主权要求,这样就极大地加重了博弈的谈判难度。上文分析中我们仅仅是考虑双方博弈的情形,由于影响因素较多,双方博弈的结果已经异常复杂,如果将博弈主体扩展到多方,最终达成合作开发的难度将以几何基数倍增,这也是当前为何南海资源合作开发一直停滞不前的重要原因。

(3)美国的亚太战略及其他区域外大国干扰,增加了合作开发实现的变数

2009年美国政府推出了"重返亚太战略"[①]以来,不断在经济与军事方面笼络东南亚各国。从2010年在APEC上力推《跨太平洋战略经济伙伴协定》(TPP),再到2014年美国首度以东道主身份主办美国与东盟之间的部长级非正式会议即"美国-东盟防务论坛",都在表明美国对亚太地区的干预正在逐渐加强,无论是经济上的还是军事上的合作,都使得南海争议各国在与我国的谈判或抗衡中增加很多"底气",进而更难促成最终合作开发的实现。此外,其他一些区域外大国或为抢夺南海资源,或为遏制中国发展,也与南海各争议国家一拍即合,包括日本、印度、澳大利亚等国在内的众多区域外大国都加强了与东南亚各国的军事以及经济领域合作,形成遏制中国发展的包围网,合作制衡、限制中国。这种情况下,中国提出的"搁置争议,共同开发"的主张要想实现必然面临着诸多变数。这是由于博弈的影响因素越多,博弈的结果就越复杂,最终达成合作开发的可能性就越小。可以说,在未来实现南海油气资源合作开发的道路上,区域外干预因素将是最大的障碍。

---

① 2012年又推出的"亚太再平衡战略"可以视为"重返亚太战略"的后续步骤。

2.3 未来南海油气资源合作开发博弈的发展走向及策略反馈

2.3.1 未来南海油气资源合作开发的走向趋势

南海争端的本质在于海洋资源与海上航行权的争夺，其中油气资源的争夺是南海争端的核心。未来随着油气资源需求的迅猛增长以及域外大国的战略部署，南海油气博弈必然呈现出越来越复杂的发展态势。

（1）未来南海油气资源博弈必然呈现出多边化的发展态势

在南海问题上，我国一直坚持传统的双边主义，即由争议双方进行谈判，不让第三方进行干涉。但这一主张未来可能会受到越来越大的挑战。南海区域内除中国外都为小国，小国与大国进行谈判时心理上会处于不利地位，因此包括越南、菲律宾在内的一些国家极力主张将南海问题区域化、国际化，当前的主要策略就是将南海争端拉入到中国–东盟的合作框架内，这就将原有的双边谈判模式变成了多边的博弈关系，加大了谈判的复杂度和协议达成的困难度。

（2）未来南海油气资源博弈各主体必将把南海问题上升到更高的国家利益

随着陆地资源日益枯竭，海洋正变成各国博弈的新平台。南海除了蕴藏着巨大的油气、渔业以及可燃冰资源外，还是东亚通往南亚、中东、非洲、欧洲必经的重要国际航道。可以预见，未来随着经济全球化和一体化的不断深入，南海油气博弈对博弈各国的影响必然将得到进一步提升，南海问题对各国而言必然是牵一发而动全身的重大问题。这一变化将进一步加剧南海问题的敏感性以及降低最终解决争端的可能性。

（3）未来南海油气资源博弈必然受到域外大国越来越多的干预

自从2009年高调宣布重返亚洲以来，美国加紧了与南海周边国家的军事合作与战略部署。美国通过外交手段，加强与新老盟友的关系，频繁进行各类军演，欲形成军事同盟。一方面加紧拉拢菲律宾进行军事演习以及扩充海军基地；另一方面加紧修复与越南的关系，全面介入南海争端。此外，日本、印度、俄罗斯、澳大利亚等国对南海争端或明或暗的染指态度，竭力促成南海问题国际化，他们也是影响南海争端不可忽视的因素。可以说，未来随着域外大国不断介入，大国间的博弈将最终支配着南海争端的走向。

2.3.2 未来实现南海油气资源合作开发的博弈策略反馈

基于以上这些发展变化，我们认为从博弈的视角，实现"搁置争议，共同开发"的主张无外乎从以下几个方面进行改变：一是改变博弈双方的支付函数，从而改变双方的策略选择；二是博弈双方中的一方在博弈之前采取某种措施改变自己的行动空间，这种措施即称为承诺行动[1]，那么不可置信威胁就变得可置信，博弈的均衡结果也会发生改变；三是在博弈双方建立一种机制，使得可以建立起一种具有约束力的协议，从而变非合作博弈为合作博弈，使得均衡结果产生合作剩余[2]。

（1）改变博弈各方的支付函数

当双方存在资源开发争端时，最有效的缓和局势的办法是双方都做出让步，主权方降低军事卫权的概率，而侵占方降低进入的概率。由上文式（2-5）、式（2-10）可知，若想将冲突降到最低，从而实现合作开发的愿望，必须从以下方面做出改变：首先，军事卫权和侵占资源的成本越高，双方进行合作谈判的动机就越大。因此，争议双方应全面评估在资源开发争端中己方行动所要付出的代价，将经济因素、政治因素、社会因素都考虑进来，切勿因小失大，走进"囚徒困境"的死胡同。其次，争议各方越是将争议海域油气资源的潜在效益看得越重（k、g 越大），合作博弈越难以达成。这一潜在效益不仅包括潜在的经济效益，同时也包括政治考虑和争议海域的战略地位，如果有关国家主要从政治角度看待该海域的主权，争端就难以解决；或如果该海域对争端国战略地位的重要性高于油气资源的重要性，那么相关各国也很难在该海域达成合作开发协议。[3] 争议双方应拿出最大的诚意和容忍，超越社会制度和意识形态，本着双边睦邻友好以及

---

[1] Rasmusen, Eric, 1994, Game and Information: An Introduction to Game Theory, Chapters 2, 4 and 5, Cambridge: Blackwell publisher.

[2] 合作剩余是指合作双方的利益都有所增加，或者至少是一方的利益增加，而另一方的利益不受损害，因而整个社会的利益有所增加。

[3] 胡德坤，杜婧文. 二战后海洋油气资源勘探开发中的国际合作与争端研究 [J]. 武汉大学学报（人文科学版），2011，（05）.

未来长远利益的考虑，通过对话和谈判妥善解决争议问题。再次，争议各方预期到对手行动越敏感（α、β 越大），潜在爆发冲突的可能性就越高。因此，一方面争议各方采取行动前必须谨慎小心，切勿激怒对方采取报复性行动以使局势更加恶化；另一方面在对方采取超出预期的行动时，己方应保持克制，力图通过对话和谈判解决问题，防止冲突的进一步升级，这样对双方来讲都是有利的。

(2) 承诺行动

前文分析了，中国提出的零军事卫权概率的"搁置争议，共同开发"的主张对于侵占方来讲是不可置信的，中国没有动机兑现自己的主张，侵占方也会理性地预期到这一点。因此，必须有一种配套的机制来实现由不可置信承诺向可置信承诺的转变。一种简单的做法是中国与一个第三方打赌：如若采取了大于零的军事卫权概率，中国将向其支付 $U_c(\pi,y) - U_h(\pi,y)$ 效用水平的收益。此时，中国在是否兑现承诺上是无差异的，此时侵占国理性地预期到中国没有不兑现承诺的动机，从而会相信中国采取军事卫权的概率为零。中国通过做出这样的承诺，在没有付出实际成本的情况下使得效用水平由 $U_z(\pi,y)$ 上升到 $U_h(\pi,y)$，从而实现双方效用提高的双赢局面。实践中，有多种方式实现这种承诺行动，如作为一个负责任的区域性大国，其所做出的承诺代表了其一贯塑造的大国形象，一旦不能兑现，将影响到未来在国际事务中与其他国家合作和谈判的开展。因此，对大国形象维护本身就是一种承诺行动，越是想要塑造一种负责任的大国形象，这种隐性约束力就越强。

此外，中国在1978年改革开放后，到2007年之前的这段时间里，一直放任越、菲等国在争议海域开发石油，却没有得到合作的机会。21 世纪以来，中国深海石油开发技术逐渐成熟。然而，2012 年至今，中国与文莱、中国与菲律宾的油气资源合作开发均未能达成。在美国的军事安全庇护下，一些国家反而更愿意发展军事力量获取相对于中国的军力平衡。这些问题说明根本放弃军事维权也是无益于争端的解决的，反而会使得侵占方变本加厉地侵蚀我国资源。因此，从另一方面来讲，中国还应强化在局势进一步恶化的情况下，不排除采用军事手段解决南海问题的威慑力。中国需要澄清自己的"底线"，并做出强有力的承诺，即一旦对方越过了这一"底线"，中国将不得不采取武装卫权。这种承诺的违背成本越高，其对侵占方的威慑力就越大。如可以提高国民的海洋国土意识，强化宣传，将南海问题作为中国的核心利益来看待，决不会在国家主权上无限度地让步，这样，如果侵占方有进一步侵蚀我国南海资源的行为，不采取军事手段政府将失信于民，增加人民的抵触情绪，无形之中提高了政府违背承诺的成本。侵占方也会理性地意识到中国不采取军事行动的成本,因此也不会做出进一步加剧地区局势的举动。此时的承诺威胁就变得可置信,最终的结果是中国在未付出实际成本的条件下阻止了侵占方进一步掠夺我南海油气资源。

(3) 增进互信与交流,变负和博弈为正和博弈

在没有一个具有约束力协议的条件下,油气资源争议的双方只能进行一场"你死我活"的博弈,没有人会相信对手,亦没有人会相信对手会相信自己。在这种条件下,博弈的均衡结果往往是两败俱伤。但如果博弈各方能在某种情况下达成具有约束力的协议,那么合作开发争议资源将成为可能,合作的结果将使各方的利益都得到提高。在 2002 年中国与东盟十国签署的《南海各方行为宣言》(DOC) 以及以此为基础正在磋商的《南海各方行为准则》(COC) 都是南海争议各方本着增进互信与交流,避免对峙和摩擦而做出的积极举措。不可否认,这些举措为最终实现我国"搁置争议,共同开发"的主张奠定了一定的基础,但当前中国与东盟各国间仅依靠这种松散政治文件来规范各方的行为,其约束力还是相当有限的。对于诸如越南、菲律宾、马来西亚等对南海油气资源开发持强硬态度的国家来说,其违反 DOC 的成本较低,出于国家利益最大化的目的,上述国家很有可能暗地里进一步侵蚀我国南海油气资源,而相对违约成本较高的中国只能被协定束缚住手脚,眼睁睁地看着自己国家的资源被他国非法开采。即将出台的《南海各方行为准则》(COC) 应当包含彼此明确的权利与义务以及相应的约束机制和违约制裁条款。

(4) 做好必要的技术准备,寻找僵局突破口

我国应当在国家能源安全战略和政策中明确合作开发南海争议区域的基本方向,将南海争议区域的合作开发作为国家能源安全战略的重要内容之一,同时健全与能源合作、能源开发相关的法律制度,通过相关政策或法律弥补现有的《对外合作开采海洋石油资源条例》关于争议区域开发的空白,为南海争议区域合作开发活动提供法律依据。

要实现与南海周边国家合作开发争议区域,我国应当发挥主动,积极与相关国家进行磋商,努力达成合作开发协定。在磋商的过程中,既要与周边邻国进行全面谈判,又要有重点地选择区域和对象进行磋商,要注意预防其他几个国家达成一致排斥我国在南海争议区域的利益。我国可以先就不涉及岛屿主权问题的争议区域的合作开发问题进行磋商,重点选择资金和技术相对薄弱的国家,必要时可以在合作开发的利益方面做出一定限度的经济让步。目前的首要工作是打开我

国在南海争议区域陷入的僵局，争取实现在该区域合作开发零的突破。2016年下半年以来，在中国与东盟国家的共同努力下，南海争议问题得到了较好的控制，以《南海各方行为准则》为主要内容的规则磋商加快推进。

南海主权争端的复杂程度要大于世界任何一个海域的主权争端。南海问题涉及国家多，内部关系错综复杂，再加上区域外大国如美国、日本、印度、俄罗斯、澳大利亚等国干涉，更使得未来南海局势变得扑朔迷离。在南海南部南沙海域，由于争议各方主张的海域相互重叠，争端往往涉及的不仅是双方，有些区域存在三方甚至四方的争端，海域涉及的争议国家越多，那么各方之间的分歧和争端就越是难以调和，达成最终的合作开发的难度就越大。到目前为止，世界各国对争议地区合作开发的协定都属于双边协定，可见，当涉及三方以上时，达成最终协议的难度会加大。因此，中国还应从更具约束力的双边协定入手，拓展双边关系，建立具有双方均等约束力的政治以及经济文件。同时避免使用过分的强硬态度，以免南海周边国家依仗东盟合作对抗中国。并且，一定要坚决抵制区域外大国卷入南海争端，越多大国卷入，牵涉的利益方就会越多，最终合作开发的协议实现就会越困难。

总之，南海争端最终得到妥善解决的唯一途径还是中国主张的"搁置争议，共同开发"，为了尽早地实现这一主张，我们还需要认真分析其实现的条件，培养其生根发芽的"土壤"。从战略的高度权衡利弊，采取主动行动突破僵局，实现南海纷争的妥善解决。

2.4　南海地缘政治与南海周边国家的南海政策

2.4.1　中国拥有南海主权的重要证据

第一，从"先占"原则看中国对南沙群岛的主权。国际法明确规定，如果一个国家的居民首次发现了无主地，则该居民所属的国家有权利占取该无主地，从而确定该国对该地区的主权。一些考古学者及专家在南海海域附近的海底打捞发现了大量我国出土的文物，这些文物可以证明南海地区属于中国的领土，是中国人民最早对该地区进行开发和经营的。20世纪70年代，厦门大学的科研工作者曾在南沙群岛海域的一些岛屿上找到了我国明清时代的遗址，这些证据都明显证明了是我国最早对南海地区行使主权，进行开发及经营活动的，任何其他国家都无法忽略这一事实，这是中国拥有南海地区主权的有力证据。

第二，中国自古管辖行为确立了主权权利。近现代的国际法中规定，一个国家对领地的管辖行为是确定该国家拥有该地区的行使主权的重要因素。按照这一规定，我国一直对南海领域行使着管理的行为，这也就足以证明该地区是我国的领地。在《元史》地理志和《元代疆域图叙》这些疆域手册中都明确指明了南海海域属于我国的领土。明代时期，我国的海南卫的管辖范围包括了南沙群岛、中沙群岛及西沙群岛。《海南卫指挥佥事柴公墓志铭》中有明确的记载，"广东濒大海，海外诸国皆内属""公统兵万余，巨舰五十艘"，巡逻"海道几万里"。表明南沙群岛属于明代版图，明代海南卫巡辖了西沙、中沙和南沙群岛。据清代的《广东通志》记载，南沙群岛属于万州辖治。1911年，中国广东国民政府把南海诸岛划归海南崖县管辖。抗日战争胜利之后，中国海军在南沙群岛的一些代表性的岛屿上明确标立了我国的界碑，并且驻兵在南海海域，这足以证明我国一直在行使着对南海海域的主权行为。1947年9月4日，中国内政部正式下令，将东沙、西沙、中沙、南沙归属于广东省的管辖范围，这足以说明我国对南沙群岛的主权地位。由于南沙群岛的居住环境不佳，我国并没有太多的居民在群岛上居住，但是却一直派兵巡逻，宣示着该地区是我国的领土。

第三，世界各主要国家曾承认中国对南沙群岛的主权。我国对南沙群岛的主权，世界范围内各个国家无论是以书面明确的方式还是默许的方式都曾经表达了中国行使着南海的主权，从来没有任何一个国家承认过其他国家拥有该地区的主权。20世纪30年代，当法国侵入南沙群岛地区的时候，无论是中国政府还是日本政府都明确表示该地区是中国的领土，甚至提出证据说我国居民早在该地区行使着捕鱼等经营活动。第二次世界大战结束后，中美英三国在《开罗宣言》中明确表示剥夺日本在太平洋区域非法侵占的一系列岛屿，日本非法占领的中国领土都应全部归还中国政府，这些岛屿就包括了南沙群岛。1951年的旧金山会议，苏联曾提出了一个方案，要求日本必须偿还非法占领中国的岛屿，并且承认中国对该地的主权。美国多数议员都明确表示中国在对南沙群岛、西沙群岛等地的主权证据方面是很有说服力的，中国行使着对它们的主权。东南亚的很多国家曾一度承认中国对南沙群岛、西沙群岛等地有着无可争辩的主权，甚至当前的一些争端国家当时也一度承认中国对南海诸多岛屿拥有主权。在20世纪50年代，菲律宾曾明确表明南沙群岛并非是该国的领土，该地区属于中国的领土。越南政府在1976年完成国家统一之前，北越政府曾一度承认南沙群岛等岛屿属于中国的领土，甚至在该国的教科书上明确表示该地区属于中国领域。如今，这些国家为了南海的油气资源违反国际法上的"禁止反言"原则，出尔反尔，声称南海地区是属于他们的。"禁止反言"原则是公平正义理念的一种拓展，明确指明任何一个国家对于已经承认的事实，事后不可对该事实提出任何异议。很明显，这些国家已经公然违背了这一国际法原则。

2.4.2　南海周边国家的南海政策及其影响

（1）越南的南海政策

越南是与我国海洋权益争议最大，占领南沙岛礁最多的国家。自20世纪50年代起，南越政权就宣布对南沙群岛拥有全部主权。除了宣布主权所有，甚至还派遣军队驻扎在南海岛屿中，20世纪70年代和80年代，越南还为南海岛礁与中国方面发生过正面军事冲突，南越政府与中国曾经爆发过西沙之战，统一后的越南与中国也在南沙赤瓜礁有过军事冲突，事后，越南破坏南海秩序的做法受到一定程度的遏制。冷战后，越南加入东盟，签订《东南亚友好互助条约》，积极与东南亚某些国家协调立场，共同对付中国，同时利用东盟组织，诉诸集体压力来牵制中国。越南的地缘战略指导思想也发生了变化，开始由陆向海，除了继续加强对所占岛礁的建设与开发外，还引进区域外大国资本力量加强南海油气资源开发，主要目的之一是使南海问题国际化、复杂化。近年来，越南的南海地缘战略侧重两点：一是积极筹划在南沙群岛建立地方政府，通过新闻媒体广造声势，否定中国的"九段线"，声称中国单方划定的九段线没有法律效力；二是积极实施海洋开发战略，制定海洋立法，加强对所占岛礁的调查、勘探与开发，并为此加固对已占岛礁军事和基础设施的建设，加紧对所占海域的巡逻。最近，越南加强与印度等国在南海油气资源开发领域的合作。2017年7月将印度国营石油企业印度石油气燃气公司在南海争议区开采合约延长两年。越南把南海主权争议视为核心利益。

（2）菲律宾的南海政策

自20世纪50年代起，菲律宾开始窥觎我国的南海诸多岛屿，由原来承认南沙群岛非其管辖之地，变成制造各种借口对南海岛屿进行非法占领。菲律宾宣称，卡拉延群岛是一个独立的地理单元，不属于南沙群岛范围。1978年菲律宾颁布总统法令，正式吞并卡拉延群岛，这是公然对中国主权的挑衅。冷战结束后，菲律宾所制定的地缘战略使南海局势变得更加紧张。2009年，菲律宾参议院公布了2699号法案，该法案公然将属于中国南沙群岛的部分岛礁和黄岩岛纳入该国领土，并以此制定了菲律宾海岸基线的范围。在菲律宾非法占有属于中国南海诸多岛屿的过程中，与中国军队发生了多次军事冲突，其中以1995年的"美济礁"事件和1997年的"黄岩岛"事件最为突出，并凭借此冲突在东南亚地区制造"中国威胁论"，加强军事设施建设。例如，对中业岛机场进行扩建，在占领岛礁上加装通信设备，与美国签署军事访问协议，对海军进行现代化建设。通过参与东盟的各种活动，加强与马来西亚、越南等国合作，并公开要求美方加入，让南海问题变得更加复杂化、国际化。自1991年起，菲律宾还与美国举行"肩并肩"系列军演。除此之外，菲律宾阿基诺三世政府还将南海争端问题向所谓的"国际海牙法庭"提交仲裁，企图通过单方提起且非法无效的"南海仲裁案"继续抢占南海岛屿。

(3) 马来西亚的南海政策

马来西亚主要是基于所谓大陆架权利的要求，其主权声索包括南沙南部和东部的部分岛屿和环礁。这一要求和中国大陆、中国台湾地区及越南主张的岛礁相重叠，同时也与菲律宾主要的暗礁和沙洲相重叠。冷战结束后，为了经济上的利益，马来西亚和菲律宾就"卡拉延群岛"南端的部分岛礁进行了争夺，令南海的危机一度升级。马来西亚对南海的争夺所采取的政策是加快资源的开发和军事的加强两方面相结合。与此同时，马来西亚对南海海底的石油资源进行了大规模的勘探和开采，特别是在南通礁至曾母暗沙这一区域大规模的开采，其树立的油井数量占其他五个国家在该地区油井数量的一半。时任马来西亚国防部长马扎克曾经表示，在1983至1991年间，马来西亚在南沙群岛进行的投资经营费用达到了7000万马币。特别是对弹丸礁的开发，将其开发成了一个旅游、捕鱼以及潜水的胜地，甚至马来西亚总理曾经在1994年和1998年两次前往弹丸礁，以表示其对该区域的重视。马来西亚在大量开采南海油气资源的同时，经常对中国、菲律宾、泰国等作业渔船实施抓扣，以强化其所谓"主权"形象，通过所谓事实占领的策略来巩固对于这些岛屿的主权权利，但马来西亚和别国的主要不同之处在于其反对区域外的大国势力渗入南海地区，反对南海问题复杂化和国际化，主张南海问题由当事国之间协商解决。2011年马来西亚提出在争端解决前通过成立特定的机构实现共同开发、资源共享的建议，希望能够在东盟框架内进行磋商。

(4) 印度尼西亚的南海政策

印度尼西亚自20世纪60年代以来在海上划分"协议开发区"，让外资勘探和开发。1969年10月,印尼与马来西亚签订大陆架协定,确定三段海洋边界,其中第三段是印尼纳土纳群岛与马来西亚沙捞越北部达都角之间的海洋边界,一直延伸至东马来西亚陆地、南沙群岛安波沙洲和南威岛之间的等距离点,侵吞部分南沙海域,挑起与中国的南沙之争。1980年3月,印尼单方面宣布建立200海里专属经济区,入侵我国传统海疆线内5万多平方公里。印尼虽然对南海岛礁没有提出主权要求,但是在纳土纳群岛海域积极从事该地区的油气开发,并侵入中国南海疆域线以内。在南海争端中,印尼试图扮演调停人的角色,是历次"南海潜在冲突研讨会"的发起人和主要主持者。

(5) 文莱的南海政策

文莱在1984年独立后,通过立法宣布建立200海里专属经济区,并声称以《联合国海洋法公约》关于大陆架条款为依据,对南沙群岛的南通礁拥有主权。文莱虽然对南通礁提出主权要求,但从未派兵进驻。文莱入侵我国南海传统疆域线内3000多平方公里,对南海油气资源的开采一直是其国家收入的主要经济来源。文莱向来态度温和,主张通过外交途径和平解决南海争端。

2.4.3 区域外国家的南海政策及其对南海格局的影响

(1) 美国的南海政策

美国是南海区域外的大国,但是作为当今世界上唯一的超级大国,其在南海争端问题上所造成的影响巨大。因海上交通运输、地缘战略利益等因素,美国对南海问题在不同历史条件下推行不同政策。一是冷战时期,美国在南海问题上是不介入和不表态的立场,此时美、苏在全球范围内争霸,国力消耗严重,在朝鲜战场、越南战场的失利使美国实力大减,美、苏争霸显得力不从心。此时的南海对于美国来说也只是边缘的利益,南海局势的发展,威胁不到美国的核心利益。所以美国不会因为南海问题与中国交恶。在1974年中国与南越政权发生西沙冲突时,南越虽然一再请求美国出兵支持,但美国采取不介入的"中立"立场。二是冷战之后,苏联解体,美国成为世界上唯一的超级大国,美国认为亚太战略的环境发生了巨大的变化,由于意识形态关系,中国成为了美国政治上的对手,需要对中国实施遏制和打压。而南海争端正是美国很好的介入点,开始参与南海问题,偏袒东南亚某些国家,加强与该地区在军事上的合作。1995年5月,美国政府发表正式声明:"在南海地区的单方面行动和反应加剧了本地区的紧张,美国强烈反对使用武力和武力威胁解决领土争议,并要求各方克制,避免采取导致动荡的行动。"1997年,美国强调了在南海有重大利益存在,认为应阻止任何一方动武,帮助各方树立谈判解决问题的政治意愿。从1998年起,美国再次强调亚太安全战略,之后相继公布了一系列有关国家安全的重要文件,其中包括《新世纪国家安全战略》《美国的军事部署战略》《亚洲2025年》等战略性文件。这些文件的重要内容之一是美国的安全战略中心应向亚太倾斜。在具体做法上,美国同东南亚有关国家相继签署了一系列双边军事协定,定期进行军事演习。例如,1998年的美菲《部队访问协议》,双方每年举办"肩并肩"军事演习;1999年《美新军事准入协议》,允许美国航母从2000年起使用新加坡樟宜海军基地;美国与马来西亚达成《开放天空协议》;与文莱达成《允许美国军舰进入辖区的协议》等。美国在南海地区相继进行了美菲、美新泰、美国与东盟重要国家联合军事演习。美国从政策到军事上对南海地区的渗透,严重恶化了中国的周边环境。当前美国的南海政策是深度介入南海主权争议,为其他南海主权声索国撑腰,进而达到削弱和限制中国南海主权权益与战略利益空间的目的。

(2) 日本的南海政策

日本是一个资源十分匮乏的岛国,走的是外向型经济发展道路,南海地区对日本的经济发展有着重要作用,其原因之一就是它位于重要的国际交通要道上,关系着日本海上"生命线"。日本作为世界第三大经济强国和国际贸易强国,据统计,日本80%以上的石油进口必须经过南海海域,经南海海域的总贸易量占其贸易总量约为15%。由此可见,日本会在马六甲海峡和南海安全运输问题上给予高度重视,因为一旦因战事或因其他地缘政治因素的影响,导致南海运输线被切断,就等于切断了日本经济大动脉,严重影响其经济发展进程。所以日本加紧向东南亚地区渗透,争取在南海问题上有更多的发言权。第二次世界大战后,日本向东南亚地区提供了巨额的经济援助,对该地区进行大规模投资,制定并实施了文化交往方针,以利用东南亚的资源与市场,扩大生产,对东南亚国家防卫以及经济发展产生重要影响,促进、强化与这些国家之间的经济合作,逐渐提升东南亚国家的经济实力与强化军事自卫能力。因此,日本同东南亚国家的经济关系对促进当地经济发展有着重要作用,东南亚国家对日本的经济依赖程度很大,这就为日本在南海问题上发挥作用提供了舞台。经济上的相互依赖,为日本和东南亚各国在经济、军事等领域的合作创造了条件。现今的日本介入南海问题的主要动向有四点:第一是推动南海问题国际化。日本政府以支持所谓"航行飞越自由"为名,支持部分东盟国家对中国南海岛礁的侵权行动,推动南海问题国际化。在日本的东南亚外交中，菲律宾、越南等与中国存在领土纷争的国家是重点，安倍着力与其构筑以海洋问题为纽带的关系网络。第二是帮助其他南海声索国提升海上防卫能力。一方面日本向菲律宾、越南等南海争端当事国提供装备支持，强化相关国家的海上警备能力，构筑牵制中国的前沿力量；另一方面通过与东盟国家进行联合军事演习、训练等手段，提升相关国家的军事能力，借机让自卫队熟悉南海区域的实地状况，为其赴南海巡航或进行警戒监视试水。第三是挑战中国南海维权行动合法性。日本政府以倡导所谓"海洋法治"为名，质疑中国南海维权行动的正当性与合法性，甚至将南海视为"海洋公共财产"，声称"维护无可替代的国际公共财产安全与和平的唯一手段就是通过法律来保持秩序的不可动摇"。对中国历次维权行动进行歪曲性描述，把中国在南沙的岛礁建设定性为"军事化"，渲染岛礁建设的军事意图及影响。第四是寻求与美国在南海战略的对接。日本将日美同盟视为其军事介入南海的"合法性"机制框架。日本《国家安全保障战略》指出："作为拥有依托开放海洋的全球贸易网络的国家，日美两国强调在遵守包括航行及飞越自由在内的国际法基础上，维持海洋秩序的重要性。"日本政府积极为自卫队追随美国赴南海行动提供法理支撑。从日本介入南海问题动向中，我们可以看出，日本介入南海并不是为了推动相关问题能够得到妥善解决，而是意在搅局使南海争端长期化，借以实现日本为谋求在该区域的政治、经济利益最大化。这对中国在南海地区的维权行动及其他政策实施造成不可忽视的干扰，破坏中国以"双轨思路"解决南海争端的外交努力，加大中国在东部战略方向上的安全压力，牵制"21世纪海上丝绸之路"倡议实施，损害中国在南海问题上的话语权。这就导致了南海问题变得更加错综复杂，影响该地区和平稳定。

(3) 印度的南海政策

以前，印度的战略重心只限于南亚和印度洋地区，但随着地区形势的变化和国际格局的演变，印度开始越来越多地关注东南亚和南海地区。其介入南海问题的原因无非就是对于经济利益和政治利益的诉求。首先，印度自独立以来，就具有强烈的大国情结，提出并使用"大周边"和"印太"这两大概念，用以描述印度的地缘战略和利益范围。其声称从阿拉伯海的北面到"南中国海"，都是印度的利益范围。目前该术语已经进入印度的战略话语体系并广泛传播，意味着印度已经把南海和西太平洋纳入其地缘战略框架，为介入南海问题提供理论基础。此外，印度试图通过介入南海问题来扩大其在印度洋和东南亚地区的影响力，并以此对冲中国在该地区的存在和影响力。总之，印度试图使南海问题复杂化与国际化，作为其在地缘政治竞争中制衡中国的手段，以此获取印度在东南亚地区的政治利益。另外，印度与东南亚及其他亚太国家的贸易往来要经过南海，为了密切与东南亚国家的经贸关系，开拓其在东南亚的经济市场，印度于2012年发表《东盟－印度联合愿景声明》表示："我们致力于加强合作来确保海洋安全和航行自由，遵守联合国海洋法公约等国际法，保证海上贸易航线的畅通和安全"，印度认为南海的航行自由关乎其国家利益，为印度介入南海问题提供理由。印度还是一个油气资源非常贫乏的国家，国内经济的快速增长更是进一步凸显了油气供求的紧张关系，而南海是世界四大油气资源富集区域之一，所以印度对南海丰富的油气资源很感兴趣，希望能从中分得一杯羹。2011年，印度外交部就曾强调指出："南海对我们的外贸、能源和国家安全利益很关键。"同年印度的能源公司就与越南签署了在有争议南海水域勘探石油的协议。为谋求在南海区域的经济与政治利益，印度主要从以下四个方面介入南海问题：首先，加强与东南亚国家的军事关系，扩大在南海地区的军事存在，通过优惠军售、军事援助、港口停靠、联合训练、联合军演、共享情报、签署军事协议等方式，不断加强与东南亚国家的军事合作关系，进而扩大在南海地区的军事存在和影响力。为了加强对南海地区投射军事实力，印度还在地处马六甲海峡西段入口的安达曼－尼克巴群岛上设立了远东海军司令部，该基地具备停泊和修理大型水面战舰和潜艇的能力，将对印度在南海地区进一步扩大影响力产生极大的推动作用。其次，加强与东盟国家的政治与经济关系，为此，印度还专门推出了"东向政策"。2001年，印度成为继中国、日本、韩国之后单独与东盟举行峰会的国家。从2002年开始，印度与东盟确立了双方年度峰会机制。次年，印度加入了《东南亚友好合作条约》，成为继中国之后第二个签署加入《东南亚友好合作条约》的国家，标志着印度与东盟关系达到了一个新阶段。再次，印度通过在南海争议海域与有关国家联合勘探油气资源以介入南海。近年来，印度国有石油天然气公司通过其麾下的海外分公司维德希（ovl）与越南国有油气集团签署了伙伴关系协定，在越南与中国之间有争议的南海水域进行联合勘探和开采石油，尽管印度声称在该争议区的石油勘探属于商业性质，可是在主权争议未得到解决前，印度显然不应进行任何性质的石油勘探活动。最后，印度还积极配合美日介入南海问题，寻求深化介入南海问题的依托力量，尽管印度近年来经济高速增长，但印度国民生产总值仅为中国的25％，国防预算也只有中国的50％，无力独自在南海问题上遏制中国。因此，印度积极配合美日等国介入南海问题，寻求联合各方力量共同遏制中国，从美国方面看，中国的崛起改变了地区力量的平衡，中国的强势进取态度是南海地区安全形势紧张的原因，而印度力量在南海地区的存在有利于缓解地区力量结构的失衡状态，因此美国明确支持印度介入南海问题，鼓励印度不仅要向东看，更重要的是向东走。2011年7月，时任美国国务卿希拉里在印度发表演讲时声称："印度在积极塑造亚太地区未来方面具有发挥领导角色的潜力，印度应积极参与东方事务并开展行动。"印度自此积极配合美国"亚太再平衡战略"，直接插手南海事务。除此之外，印度还寻求与日本合作，2013年印度总理辛格访问日本时表示，海洋安全是两国的共同利益，印度将与日本合作，和平解决海洋问题。这一说法得到了日本的认同，认为印度力量在南海的存在非常重要。

(4) 俄罗斯的南海政策

面对美国亚太再平衡战略，俄罗斯认为，世界的"重心"正由西方向亚太"东移"，而俄罗斯的战略重心也应向亚太"东进"。因此，俄罗斯制定开发远东地区的新战略作为应对，开始重视与中国发展战略合作伙伴关系，加深与其他亚洲国家的多层面合作，并实行相对中立与全方位合作的安全政策，其立场是"选择性战略协作"。主要的策略有：第一，重视与中国的发展关系。普京就任时在其总统令中指出，深化与中国的平等互信和战略协作伙伴关系，此后，中俄在联合声明中郑重宣布，两国要"在涉及对方主权、领土完整、安全等国家核心问题上相互坚定支持"。为维护全球和平与地区总体稳定，俄方与中国保持在国际重大问题的一致性。并在此前提下，展开同中国的全方位外交。在南海争端中，俄罗斯公开表示支持中国，宣称美国是"南中国海"的主要不安定因素。同时，为巩固与中国的友好合作关系，俄罗斯还展开与中国的年度联合军演，其中包括在南海海域的中俄军事演习，中俄联合军演不仅构建了常态化、制度化的机制，而且进一步深化了双方军事合作关系，使双边合作关系提升至防务领域的重要举措，加强了两国合作抵制海洋威胁的军事实力，有效确保了区域的安全局势。不可否认，中俄开展的海上安全合作，这与有的国家基于军事同盟的安全合作有本质的区别。第二，深化与其他南海周边国家合作。在政治与安全领域，俄罗斯充分利用中日矛盾，抓住机遇，加强与日本的联系，以此冲击美日联盟体系。在中日争端中，俄罗斯既不完全倒向中国，也不公开支持日本，奉行一种平衡性的外交策略。日本由于与中国、俄罗斯等国在主权问题上存在纠纷，故实施"区而待之"的方式。一方面拉拢俄罗斯；另一方面遏制中国，以抵制因多面树敌而引发的安全威胁，使俄罗斯给予日本更多的支持与援助。俄罗斯的"地区平衡"战略与日本的"区而待之"战略遥相呼应，两国关系不断深化便不难理解。同时，伴随美国亚太再平衡、中国急速发展，对作为太平洋国家的俄罗斯而言，这是一把双刃剑。在一定程度上，只有深化与日本的关系，才能为俄罗斯迎来新的发展前景，不但可以减缓中国崛起对俄罗斯的冲击，还可以削减美日较为牢固的同盟体系，进一步提升俄罗斯在南海的话语权和战略地位。在其他领域上，俄罗斯加强与东南亚国家的交流与合作。在东南亚国家中，又以越南为重点。俄罗斯一直将越南视为通往东盟和东南亚的窗口，俄罗斯与越南高层领导频频互访，相互高度评价俄越关系，发表加强全面战略伙伴关系的联合声明，签署一系列新的合作协议，把强化能源、军事交流作为优先合作领域，如俄罗斯重返金兰湾、俄罗斯协助越南开发南海石油以及俄罗斯对越南军售等，使俄越关系得以升温并快速发展。第三，凸显俄罗斯军事优势。重塑俄罗斯世界海洋强国的形象，一直是俄罗斯海洋战略的方向。《2030年前俄罗斯联邦海洋发展战略》中提到，"要想成为世界强国，首先必须成为海洋大国"，"不论国际影响力，还是地缘特征，俄罗斯毫无疑问是当今世界的海洋大国"。普京声称，"俄罗斯要兴盛，就必须拥有一支与之相适应的强大海军"，"全面恢复'远洋'海军，尤其是在北方和远东地区的发展，是俄罗斯当前的首要任务。"《俄罗斯在世界海洋的军事战略利益》集中体现了俄罗斯的这一海洋战略理念。虽然俄罗斯经济的年均增长率相对比较缓慢，但持续稳定的增长为俄罗斯带来了经济的恢复和实力的提高。维护海洋强国地位、实现海洋权益的最大化是俄罗斯海洋战略的核心内容，海洋战略亦成为国家战略的重要组成部分。其中，最重要的举措之一就是重振俄罗斯海军，充分发挥海军在维护国家安全和发展利益中的作用。在俄罗斯看来，南海争端正为这一战略目标提供了契机。俄罗斯的亚太战略坚持以务实和实用主义为核心原则，用较少的资源参与来换取较大的国际影响和实际利益。这种"选择性战略协作"对中国南海争端产生了深远的影响，一方面减轻了中国单独应对海洋争端的压力，有力地抵消了美国在亚太地区构建政治、经济与外交方面占据主导地位的攻势，提升了中俄在亚太地区的地位和影响力，减轻了中国单独应对美国亚太再平衡战略的压力。另一方面，利用区域纷争是俄罗斯介入亚太的重要手段，以期获得更多的战略利益。当前，俄罗斯以中俄双边合作伙伴关系为前提，以区域合作为基础，积极展开双边甚至是多边合作，与中国一起协调解决南海争端。大体政策上不直接插手南海事务但支持中国解决南海问题的主张。然而由于利益的需求、影响力的扩充以及对中国的疑虑，俄罗斯也在逐步加强与东南亚各国的联系，特别是与越南在内的南海声索国关于军售的合作。目前，俄罗斯正向越南出口大量的军事武器装备，合同金额高达数十亿美元。据俄罗斯联邦军事技术合作局资料显示，仅亚太地区就占俄罗斯出口武器份额的60%，可见开拓亚太军火市场对俄罗斯意义重大。总体而言，南海争端多边解决与双边解决间的争议、域内力量与域外强权间的博弈、搁置争议与现实占有的冲突，不仅涉及中国与东盟各国，而且与美国、印度、俄罗斯等国的亚太战略密切相连。作为美国的对手，俄罗斯已经意识到美国亚太重心转移的重要性，遂及时调整亚太战略，使之朝着有利于自身战略地位的方向发展，对南海争端产生了特有的影响，也给南海问题解决增加了更多的不确定性。

2.4.4　南海问题与21世纪海上丝绸之路建设

2013年，国家主席习近平提出了"建设丝绸之路经济带"和"21世纪海上丝绸之路"的倡议。"一带一路"倡议是中国互利共赢开放战略的重大举措。21世纪海上丝绸之路建设是国际法上一种国际合作的新形态，对南海争端的解决具有积极影响。南海是21世纪海上丝绸之路必经的运输通道，在中国海上丝绸之路建设中占据重要地位。然而，中国与菲律宾、越南等国在南沙群岛海域存在的领土主权和海洋权益争端，使南海局势变得更加复杂。这就要求我们明确南海在中国21世纪丝绸之路建设中的重要战略地位，审视南海局势新变化及其带来的挑战，为中国海上丝绸之路建设创造良好的地缘政治环境。

南海是中国南大门，是连接太平洋、印度洋和大西洋的重要海上运输通道。维护南海和平稳定和海洋秩序关乎中国重要的政治、经济和安全利益，在建设中国21世纪海上丝绸之路中具有重要的战略地位。首先，南海是建设海上丝绸之路的地缘政治基石。南海涉及东沙群岛、西沙群岛、中沙群岛和南沙群岛岛礁的主权归属问题，这些群岛是中国的固有领土。越南、菲律宾等国在中国所属海域进行非法石油勘探和开采，严重侵犯了中国海洋权益。南海更是涉及中国海洋安全的核心利益。因此，维护南海秩序，保障南海安全，是建设21世纪海上丝绸之路的前提，也是中国重要的国家安全地缘战略目标。其次，南海是21世纪海上丝绸之路建设的重要通道。南海地处亚太经济中心地带，西经世界海上咽喉——马六甲海峡与印度洋、大西洋相通，东出台湾海峡与日本海及东太平洋相沟通，是连接世界两大经济中心——北大西洋经济中心和亚太经济中心的"世界地理枢纽"。南海是位于太平洋和印度洋之间的"国际通道咽喉"，它的重要性不亚于马六甲海峡，而且战略重要性更加突出。在国际航运上，每天约有来自世界各国的400艘装运各种物资的船舶穿梭其间。中国目前是世界第二大石油消费国和进口国，所进口的大部分石油都是从南海通过的。随着中国经济迅速发展，南海对中国变得越来越重要。建设21世纪海上丝绸之路，必须保障南海航行安全畅通。同时，这一海域还是中国将来冲出"岛链包围"，成长为世界海洋强国的突破口。最后，南海是中国与东盟海上丝绸之路合作的重要桥梁。南海周边国家都是中国重要的邻国,也是东盟成员国,更是 21 世纪海上丝绸之路建设的沿线国家。海上丝绸之路建设的重要目标是深化中国与东盟的经济合作。目前东盟经济总量达到 2.5 万亿美元,位居世界第七位,中国是东盟最大的贸易伙伴。在中国与东盟共同建设海上丝绸之路框架内,南海地区的和平发展,将会进一步深化中国与东盟贸易合作关系,共同促进南海地区经济发展与繁荣。南海问题,主要是中国与南海地区东盟成员国之间国家领土主权和海洋权益争端问题。南海问题的解决,将直接影响到中国海上丝绸之路的建设。另一方面,通过"双轨思路"即主权争端通过当事国双边谈判解决,南海稳定通过中国与东盟合作共同维护。打造周边命运共同体,深化中国与南海争端国的经济合作,建设中国-东盟海洋伙伴关系,化解周边国家的疑虑,促进南海争端的解决。

近几年,中国与菲律宾、越南等国在南海领土主权和海洋权益的争端成为一个国际热点问题。特别是美国、印度、日本等外部国家的介入,使南海问题变得更加复杂,让中国海上丝绸之路建设变得更加困难,带来消极影响。主要表现有:

(1) 南海问题多边化和国际化

南海问题的核心是南海有关国家对南沙群岛领土主权和附近海域划界的争议。周边国家极力把南海问题变成东南亚国家联盟会议的重要议题,使其成为东盟的共同问题,并试图以东盟地区组织表明共同立场,以东盟的集体身份发声,影响中国与东盟的合作关系。2013 年初,菲律宾提出就南海争端单方面进行国际仲裁。2014 年,中国政府发表了《关于菲律宾所提南海仲裁案管辖权问题的立场文件》,旨在阐明国际仲裁法庭对于菲律宾提起的仲裁没有管辖权,中国政府不接受,也不参与菲律宾提起的仲裁。美国以维护南海秩序和美国国家利益的名义积极介入南海事务,不断加强与菲律宾和越南的关系,公开支持它们的做法和要求,使南海局势越搅越乱。

(2) 南海问题演变成地区性问题

南海对于中国具有重要地缘政治、经济和安全利益。它是中国从太平洋通向印度洋的战略通道,是中国海上丝绸之路建设的重要桥梁。保持南海地区和平与稳定,这是中国推动海上丝绸之路建设的重要保证。然而,由于南海问题成为涉及地区安全的热点问题,它对于中国海上丝绸之路建设将产生重要影响。在南海领土主权争议问题上,中国主张通过外交谈判协商解决。中国海上丝绸之路建设就是使南海变得更畅通,成为亚洲与非洲和欧洲地区贸易互联互通的重要纽带。

在南海一些岛礁进行基础设施建设是为了确保中国领土主权安全，同时也是为"国际航行自由"提供安全保障。然而，美国等国则把中国维护南海主权说成是改变现状，将南海人工岛礁建设看作是对地区安全的挑战，大肆宣传所谓南海航行自由问题，意在加剧南海地区紧张局势，制造新的"中国威胁论"。

3 争议性海域合作开发制度的国际实践

3.1 争议性海域共同开发概述

3.1.1 共同开发的定义

世界银行的能源专家与美国葛底石油公司法律事务代理人奥兰多认为："共同开发是某种搁置整个边界争端问题，因而从开始就形成一种政治良好开发环境的制度。"德国基尔大学的国际法教授拉各尼认为共同开发是建立在协议的基础上，对争议海域内海洋资源进行开发的一种合作方式和解决机制。荷兰戴尔福特大学的石油法教授白纳德将把争议区内的共同开发视为狭窄或最具典型意义的共同开发。我国学者高之国教授认为共同开发则是一个政治概念，并与合作开发是商业性概念加以区别。他将共同开发定义为存在争议的国家通过签订协议，开发争议海域的海洋资源，共同行使管理权，并平均分配利润。国家海洋局陈德恭先生将共同开发分为狭义的共同开发和广义的共同开发，狭义的共同开发主要是争议国家之间签订协议，对在争议海域的油气资源进行开发的形式；广义的共同开发，是指争议国家之间签订国际协议，对争议海域内的所有海洋资源进行开发的一种形式。综上所述，共同开发的定义多种多样，存在分歧，没有形成一致的观点，不同的国家在使用该定义时总是遵循实用主义原则，朝着有利于自己的方向解释。至于共同开发是否已经构成一项国际习惯法规则，目前学界还有争议。我们理解的共同开发是一种具有政治性质的开发模式，是指存在争议海域或重叠海域的国家通过签订国际协议，对重叠海域或争端海域进行油气资源开发，共同行使在此区域的主权或管辖权。

3.1.2 共同开发的相关概述

(1) 管理模式

共同开发能否取得成功,很大程度上取决于管理模式的选择。从管理模式上来说,主要有以下几种:

①强制合资模式。也称联合经营模式,是指存在争议海域或重叠海域的国家间采用强制合资制度,双方共同出资,共同管理,共同受益。典型案例为1992年马来西亚与泰国就两国争议海域达成共同开发协议,两国的租让权人分别是泰国石油公司和马来西亚石油公司,成立"马来西亚-泰国共同开发机构"。

②代理制模式。该模式是指存在海域争端的两个国家,签订共同开发协议,由一国代理另一国对争端海域的油气资源进行勘探开发,并对整个过程进行经营管理,所获得的全部利益由双方按一定比例进行分配,委托方有权对代理方的开发经营活动进行监督。1958年沙特阿拉伯-巴林共同开发协定就属于这种模式。

③超国家管理模式。是指两国政府委派相同数量的代表组成超国家的管理机构,并将本国对共同开发区域的管辖权完全让渡给该机构,由该机构负责招标、勘探和开发过程中的所有经营管理活动。典型案例为,1974年苏丹与沙特阿拉伯签订红海共同开发协定。按照协定,两国将组建一个联合管理委员会,联合委员会将具有选择合适的合同模式、对共同开发区的经营权和管理控制权。

(2) 共同开发的特征

①共同开发的前提。共同开发是主权国家间通过协议而开展的资源开发活动,以尊重协议各国的主权为前提。共同开发不改变既有主权状况,也不创设任何国家在相关海域的法律权利。共同开发对任何一方协议前的权利主张以及最后海洋管辖权界线的划定均不产生影响。共同开发协议的签订既不能视为任何一方对其权利主张的放弃,也不构成任何一方对另外一方权利主张的默认,更不能创设对有关海域及其资源的既得权利。

②共同开发的主体是主权国家。具体而言是拥有或主张拥有海洋管辖权的国家。海洋管辖权是国家主权的派生权利,为了解决海洋管辖权冲突,相关国家通过签订协议的方式,开展争议海域共同开发。在具体开发过程中,可能出现由国家授权或委托的主体进行共同开发的情形,但这并未改变主权国家作为共同开发主体的性质。

③共同开发的客体是开发区域权利主张重叠海域或跨界海域。因为在这些海域往往存在尖锐的利益冲突，通过共同开发，各国可以缓和矛盾，互利共赢。

④共同开发的标的是权利主张重叠海域或跨界的海洋资源。既包括生物资源，如渔业资源，也包括非生物资源，如油气资源、矿产资源等。

(3) 共同开发的功能

共同开发重点是通过合作开发海洋资源，以期公平分配海洋资源，合理利用海洋资源。共同开发往往具有"临时性"和"过渡性"的特征，突出表现在海洋划界不明的争议海域的共同开发，随着海洋边界明确或者商业性石油生产期届满终结。当然，共同开发是以国家协议为基础。《联合国海洋法公约》并未将共同开发规定为国家的义务。国家间通过意思自治选择共同开发的模式、约定共同开发的具体内容以及争端解决机制。这使得共同开发由"临时性向长期性"的功能转化，在国家合意之下，共同开发完全具有作为长期勘探开发海洋资源方案的可能性。当然，共同开发的功能效益还取决于共同开发的实用性。正如上文对冲突动因的分析，海洋经济利益驱使南海周边国家开始关注南海海洋资源的勘探和开发，而想更好地利用海洋资源来促进经济的发展，又要面临譬如海洋划界争端等阻碍。若长期对峙于海洋争端，必然极大地阻碍对争议海域海洋资源的利用，这就需要一条既能充分利用海洋资源，又切实可行的现实方案，寻求一条符合实际需要的道路。共同开发的功能就在于"求同存异"。一方面，搁置国家主权争议，经济利益先行，这样既能合理地开发和分配争议海域的潜在自然资源，又能通过经济合作维护友好的协作氛围；另一方面，"求同存异"体现了海洋争议国家的政治诉求，对于稳定区域局势具有积极意义。海洋争端国家的国家利益不仅体现为国家对海洋的主权和管辖权，还体现在这一领域的海洋安全。区域海洋安全直接关系到国家经济的发展和海洋资源的勘探开发活动。通过武力解决冲突的方法成本太高，不符合时代的和平潮流，而共同开发恰好在经济合作基础上缓解了该海域在主权方面的紧张关系，在政治上建立互信关系，为谈判解决争端创造良好的社会氛围和条件。

3.1.3 狭义合作开发与共同开发在法律上的异同

首先，狭义合作开发与共同开发在实施和争议解决中适用的法的渊源不同。沿海国在其大陆架或专属经济区依国际法享有的主权权利使海上石油勘探开发活动处于沿海国的完全管辖之下，因而在法律性质上是国内的而非国际的。各国均有相应的国内立法予以调整,如我国《宪法》第9条和1986年的《矿产资源法》第3条都规定了矿产资源属于国家所有;依1982年《对外合作开采海洋石油资源条例》成立了中国海洋石油总公司,主要涉及沿海11个省份的油气资源开发。条例规定了国家对自然资源的主权原则,石油资源归属国家所有,石油基地及其设施受中国法律管辖;合作开发的面积大小、区块的划分和合作对象均由我国决定;有关开采活动均应遵守中国法律,并接受有关机构监督管理。但同时狭义合作开发的主体是资源国政府的国家石油公司和国际石油公司,亦属国际经济法规范调整的范畴,特别是外商投资法律制度的相关规定,应予遵守。共同开发概念是国际公法的范畴,法律关系主体是国家,以国家间的协定为基础是其最基本的特征,应适用国家间的条约、《海洋法公约》、国际惯例、一般国际法原则等。

其次,狭义合作开发与共同开发启动的程序不同。狭义合作开发,无论是许可制还是合同制,国际石油公司进行近海石油活动必须得到资源国政府的许可。给予许可是沿海国政府管理近海石油开发活动的主要手段之一,许可的方式主要是政府自由裁定和国际招标。后者是越来越多的国家吸引更多外国公司参与石油开发所采取的方式,因其不仅有助于更多的石油公司了解资源国,同时可以促进石油公司间的公平竞争,有利于促进世界石油工业的国际协作。除这两种方式外,有些国家还以谈判签订双边协议的方式给予许可。如我国的第一个海上双边协议是1986年中国海洋石油总公司与阿莫科公司签订的。但一国政府机构不因其批准行为而成为合同的当事方,而是由其国家石油公司与国际石油公司具体实施合作勘探开发活动,因此法律性质上不是"国家契约",而属国内法上的合同。

再者,共同开发因涉及海洋法上海域划界争议,以及跨越既定界线的石油储藏发现,是主权国家之间产生国际法上权利义务的行为,所以应以相关国家间谈判磋商为前提。在不违反国际法强行规范,特别是海洋法公约的情况下达成双边或多边协议方能实施。换言之,在跨界油藏开发中,当一个油气田被发现处于几个国家开发权利之下并且该油气田的开发引起国际争端时,应适用"单方面开发禁止原则"和"谈判原则"。如《海洋法公约》第300条赋予缔约国诚意谈判的义务,国际法院在"北海大陆架案"判决中亦指出,当事国有义务进行谈判,并且这种谈判义务不仅仅是作为缺乏协议时自行适用某种划界方法的前提条件而经过的一种形式上的谈判程序,他们有义务使谈判富有意义。在重叠主张区域,因《海洋法公约》对大陆架外部界限的扩大和专属经济区的出现,导致海岸相邻或相向国家主张行使主权权利的海域的重叠,因而首先涉及一个海域划界的问题。若无划界争议,自无重叠主张区域的开发难题。待最终解决划界后再进行开发可能是个漫长的历史过程，甚至可能最终亦无实质性成果；搁置划界，同时亦搁置开发，也使巨大的油藏无人问津而无法转化为现实利益。搁置争议，共同开发显然是更为理性的做法。在达成协定的基础上，设立共同开发区以合作安排的方式共同开发。最后在共同开发协定达成后，当事国可通过各自的国家石油公司，有时还可有第三国的石油公司加入，采用石油合作协议的法律方式明确各自的权利和义务，具体实施勘探开发活动。由此，在存在付诸国家行为的共同开发情况下，达成协定的过程和具体操作模式的实施，两者在整个开发实践中既有阶段性的先后区别，又有有机的联系。

当然，广义合作开发就包括争议海域共同开发的国家行为。鉴于共同开发也有狭义和广义之别，且定义不统一，我们主要采用的是广义合作开发，与共同开发概念的差别不再加以区分。

3.2 合作开发案例分析

随着海上跨界商业性油气田的逐渐发现以及大量大陆架或专属经济区的海床、底土成为相邻或相向的沿海国家，同时提出重叠区域主权或管辖权的主张，合作开发这些区域的国家实践已成为一种比较普遍的现象。现有的合作开发的国家实践可以归纳为两种主要类型：一是跨越国际海洋边界的矿藏的合作开发；二是主张重叠海域的合作开发。该种类型的合作开发一般是对一个包括全部或部分主张重叠海域以合作开发安排的形式确定下来，而不管其海洋边界问题解决与否。

首次合作开发并同时进行海域划界的实践可以追溯到1958年的《巴林与沙特阿拉伯王国关于在波斯湾划界的协定》，该协定在划分两国大陆架的同时，考虑到地理资源的特点及双方的立场，特别划分出一块六边形区域作为"石油收益均分区"，该协定形成了同时解决海域划界和跨界资源问题的合作开发的雏形。1962年，随着荷兰和联邦德国埃姆斯河口发现了巨大天然气和石油储量，两国签订了对1960年签订的埃姆斯—多拉条约的补充协定。该补充协定保留了没有解决的边界问题，而规定双方在一块明确划定的区域内合作勘探开发和平等分享有关石油和天然气资源。尽管这个协定只涉及一个河口地区，它却在国际法院的1969年"北海大陆架案"判决中被援引，因而开辟了广泛适用合作开发的途径。1965年在英国和挪威签订的大陆架划界协定中，两国加入了合作开发跨界资源的条款，成为一种解决跨界资源问题的标准款式。印度尼西亚和澳大利亚签订了关于在其多年存在争议的帝汶海合作开发的条约。这个条约的缔结进一步显示了国际社会对合作开发的兴趣，表明这种制度具有强大的生命力。世界上大多数石油生产国的国内法都有要求共有矿藏的所有利益方合作开发这种矿藏的专门规定。多数石油生产国的法律特别规定，当含油构造位于属于两个或两个以上不同所有者的两个或两个以上的区域，因此它们就其分配产生争端时，有关利益方有义务通过合作开发计划，完全消除竞争，在诸如开发共有资源矿井的数量及距离等事项上合作。目前，世界范围内共有 12 个争议区域合作开发的案例，它们是 1962 年荷兰和联邦德国合作开发案、1965 年科威特和沙特合作开发案、1967 年伊朗和伊拉克合作开发案、1971 年伊朗和沙迦合作开发案、1974 年日本与韩国合作开发案、1979 年泰国与马来西亚合作开发案、1989 年澳大利亚和印度尼西亚合作开发案、1992 年马来西亚和越南合作开发案、1993 年哥伦比亚与牙买加合作开发案、1995 年英国和阿根廷合作开发案、2001 年尼日利亚和圣多美普林西合作开发案、2001 年东帝汶与澳大利亚的合作开发案。而已经达成的海域合作开发的协定已超过 20 个，还有大量的潜在的跨界或主张重叠区域的资源正在考虑和谈判用合作开发的方式加以解决。

本节将选取几个代表性的合作开发协议作为案例，为南海油气资源合作开发的制度设计找寻可借鉴的基本要素。

3.2.1　波斯湾争议海域合作开发案例

波斯湾是世界石油和天然气资源储存最丰富的地区之一。石油输出国组织中六大石油生产国位于波斯湾沿岸，同时海湾地区也是国际政治舞台最不稳定的地区之一。国内政治和宗教矛盾相互交织，纷争叠起，给各国当政者以严重困扰。与此同时，相邻国家间领土主权相互重叠，边界冲突时有发生，有时甚至酿成地区性乃至全球关注的重大事件。不过，海湾石油政治中也存在一个十分奇特的现象，尽管上述政治、安全不稳定因素对地区和世界石油产量存在着潜在的威胁，但是在某些情况下，比如，有时两国处于敌对状态以致外交关系已中断的时期，这些国家的能源部长还是能在欧佩克组织的框架下，相互协调政策，拿出欧佩克对外一致的石油政策。有的则是通过搁置主权争议，采用合作开发的方式，解决有争议地区的石油和天然气资源的勘探和开发问题。下面对海湾地区主要的合作开发案作一述评。

(1) 科威特-沙特阿拉伯的合作开发案

科沙两国是最早在有争议领土上进行合作开发油气资源的海湾国家。科威特位于阿拉伯半岛东北部,面积17818平方公里。东临波斯湾,南接沙特阿拉伯,海岸线长213公里。科威特同沙特阿拉伯之间有一片海湾海域并连接陆上领土的主权归属未定地区,英国殖民者强行将之划为临时中立区,即由订立所谓的1922年《阿奎尔协议》来加以确定。根据协议精神,科沙两国平等分享中立区的领土和自然资源。1938年此地发现石油,1948年和1949年,科沙两国分别向西方石油公司颁发租让开采权证,并订立协议,认可石油公司开发临时中立区的油气资源。1965年科沙临时中立区正式分割。两国订立分割中立区的协定。协定并不影响区域内原有的合作开发活动,而且双方还约定成立一个委员会,由科沙双方派出人数相等的代表组成,监管中立区内的合作开发活动。为此,边界线的划分对于合作开发事务并未产生消极的影响,科沙两国在中立区各自那部分区域内行使行政、立法和防务的专属权利,但这也不影响双方开发中立区油气资源时原已约定的"平等权利"。在1970年以前,波斯湾七个合作开发油田中,共有四个位于该中立区。

(2) 巴林-沙特阿拉伯合作开发案

此为海湾地区另一个较早的合作开发案例。巴林是一个位于卡塔尔与沙特阿拉伯之间波斯湾海面上的岛国,由巴林岛及其附近的一些小岛组成,1820年成为英国殖民地。1971年8月14日宣告独立。

巴林同沙特阿拉伯隔海相望,在两国相向近海出现主权重叠区,产生有争议海域,因此两国均对波斯湾大陆架提出主权要求。两国于1958年签订了划分两国大陆架区域的《大陆架划界协议》。两国同意对法斯特布沙法油田收益以平等方法分享。该油田完全位于沙特阿拉伯水域内,行政管辖权和主权权利由沙特阿拉伯完全拥有,对该海域的管辖、开发等均依照沙特阿拉伯认可的方式进行,但产出的石油收入一半归巴林所有。这是一份最早的也是最不完备的近海资源合作开发协议。

(3) 伊朗-沙迦合作开发案

英国撤出海湾之前,英属阿拉伯联合酋长国同伊朗对阿布穆萨岛存有主权争议。该岛位于霍尔木兹海峡西侧波斯湾海域。阿拉伯酋长国中沙迦酋长国和乌姆盖万酋长国均属于阿联酋。在1971年12月2日英国同阿联酋签订的"保护国"

专门条约期满前,伊朗于1971年11月30日出兵占领该岛部分领土,伊朗随即迫使沙迦签订了《谅解备忘录》,合作开采该岛海域石油。

该谅解备忘录是一份较模糊的无期限规定的协定,仅就该岛及其周围海域(12海里)石油开采和捕鱼问题做出了规定。规定双方原则上以"均等原则"享受石油和捕鱼收益。该文件规定两国另外签订伊朗-沙迦财务资助协定,伊朗将每年向沙迦资助15万美元,直至资助额达到300万美元。根据谅解备忘录,伊朗获得了该岛穆巴拉克油田资源的50%份额,沙迦35%,乌姆盖万15%。根据勘探发现,该油田储量当时估计拥有一亿吨石油。

综上所述,波斯湾地区为国际上有争议海域实施合作开发的最早地区。这些合作开发协定大多为20世纪50年代以后签订的,这是在战后非殖民化运动过程中,一些海湾国家主权上获得了独立后着手处理有争议海域或边界纷争过程中创造性采用的一种方法。由于这里的政治局势长期不稳定,这些早期合作开发协定尽管还存在不少瑕疵,但是它们的成功签订有着重要的意义。

这些合作开发协定之所以取得成功,主要有三个方面因素:

①石油成为各国国民经济发展中的重要资源,各国同意暂时搁置主权要求,认为这样做更有利于本国的当前利益。为此,各国尊重双边之间的协定,把石油置于一切利益和要求的首位,使之超越相互间存在的种种分歧。

②同各国国内石油生产总产量相比,这些油田的产量仅占很小的比例,占伊朗石油总额的1%、沙特阿拉伯的4%、科威特的11%以及卡特尔的2%。

③海湾国家认为,合作开发有争议海域的关键,在于如何尽早开发油气层,以便在经济上尽快获益。

从对海湾国家的合作开发工作的分析来看,这些国家一旦确定了合作开发战略之后,更喜欢由一个公司或财团作为单独经营者来进行勘探开发。从海湾国家实践来看,在具有商业价值油气田发现之前,外国公司比较积极地投入,而不是过多优惠合作条件。因为一旦石油发现之后合作开发石油条款还会做出调整。

3.2.2 东南亚国家合作开发争议海域案例

(1)澳大利亚-印尼帝汶海槽合作条约

第一,澳印合作开发区的建立与运行。澳大利亚与印度尼西亚隔阿拉弗拉海和帝汶海遥遥相望。20世纪70年代,两国就大陆架问题通过谈判签订了两份大陆架协定。协定划定了两国在帝汶海的部分海床边界,即帝汶岛东北海域至巴布亚新几内亚海上边界，以及帝汶岛西部海域边界。在这两条大陆架边界的划界中，深达 3200 米的帝汶海槽曾被双方看作是最重要的"有关情况"。那时帝汶岛被葡萄牙所控制，在岛正面南侧全长约 200 海里的水域没有划界就形成了一个空档，称为"帝汶缺口"。该地区总面积约为 1.2 万平方海里，该地区蕴藏丰富的石油资源，据统计含石油 10 亿桶以上。1976 年，印尼将东帝汶划入自己的势力范围，澳大利亚后来建议把"帝汶缺口"补全，要求印尼尽快解决这一海上边界问题。1979 年 2 月，澳大利亚和印尼的"补缺划界"谈判正式开始。但是，由于对划界原则的不同主张，两国最终没有达成永久性边界协定。两国于 1989 年 12 月 11 日正式签订了合作开发协定，同意搁置主权争议，合作开发该地区的油气资源。到 1999 年，联合管理局和其他各国的石油公司共同开始了勘探开发。随着东帝汶独立，东帝汶于 2000 年通过与澳大利亚的换文，接受了印尼在条约中的一切权利，并在 2001 年与澳大利亚签署了《关于帝汶海油气资源开发的谅解备忘录》，与原《帝汶缺口条约》相比，其主要制度基本保留。

第二，澳印合作开发协定的主要内容。1989 年 12 月，两国签署的《关于帝汶海的合作开发协定》由 8 个部分组成，另外还有 4 个附件：合作区域的基本位置及其说明；石油开采法规；产品分享标准合同和避免双重课税的条款。澳大利亚和印度尼西亚合作开发协定的主要内容有：

①建立 A、B、C 三个合作区。规定建立的合作区有 1.778 万平方海里（6.1 万平方公里），分为 3 个区域：区域 A、区域 B 和区域 C。区域 A 位于整个区的中央，其面积大于区域 B 和区域 C，它是真正意义上的合作开发区。该区由双方联合管理石油资源的勘探和开采，收益平等分享。区域 B 和区域 C 分别位于区域 A 的南部和北部，由澳、印双方分别管辖。区域 B 为澳大利亚独立管辖区，区域 C 为印尼独立管辖区；澳、印两国分别向对方支付承包商所得税收入总额的 10%，双方并同意采取必要的措施以确保及时和最好地利用两区域内的石油资源。

整个合作区界限的划定范围是：北侧边界是澳大利亚大陆架主张线的最远点线；合作区南侧边界是印度尼西亚专属经济区主张的最远点线。合作区的东侧及西侧边界依照等距离线划定。区域 A 北侧边界线是依据简化 1500 米等深线划定，其南侧边界线依澳、印之间的中间线划定。

②建立开发区区域 A 的两层管辖机构。规定建立部长理事会和联合管理局两个开发区管辖机构，把决策层同经营操作管理层区分开来。部长理事会为决策层，由双方政府指定的部长组成，人数相同，"全面负责处理一切有关在合作区区域 A 范围内勘探和开采石油资源的事宜，以及两个缔约国委托的有关勘探和开

采石油资源的其他职能。"部长理事会采用协商办法来处理内部意见分歧。

联合管理局由双方派出人数相等的代表组成,负责处理开发区内的资源管理和开发功能,行使正常行政监督职能。它对部长理事会负责,是一个具有独立法人地位的经营机构。它的主要职能有:矿区划分职能;订立合同职能;行政管理职能;条例颁布职能等。有关向承包商颁发开发证书的权限、协定规定区域 A 内的开发合同,首先需得到部长理事会的批准,然后由联合管理局同承包人正式订立。

③订立管理合作开发的具体细则。协定"附件"订有一套框架文件,用来指导并管理区域 A 内的石油资源的合作开发。这套框架文件涉及的内容有:石油开采法规、产品分享标准合同和避免税务法规。如协定"附件 C"《产品分享标准合同》第二部分中关于合同期限的明确规定,产品分享合同的最长期限是 30 年,但订立时可将期限分割成若干阶段。例如合同签订第一个 6 年期内,如承包人没有找到具体商业性价值的油层可要求中止产品分享合同,或要求再延长 4 年开发区。如在 10 年期限届满时承包人找到了一块油田,但尚未评估,联合管理局可以延长合同期,以使其在最快的期限内做出评估;如找到天然气田,联合管理局也给予延长期,使其能对市场经销做出安排,订立天然气销售合同。如果在 10 年期限届满时仍未发现任何有商业开采价值的油气田,则产品分享合同期自动中止。

第三,对澳印合作开发案的总结借鉴。

澳印合作开发案的情况错综复杂,从合同签订、开发区的建立与运行有许多成功经验值得借鉴。

①两国订立协定的影响因素。两国对帝汶海槽的补缺划界从初次谈判到最终签订合作开发区协定,历时 12 年之久。澳印两国遇到的障碍主要包括:(a)关于大陆架划分原则问题。1982 年《海洋法公约》关于大陆架定义中提出的 200 海里距离标准有利于印尼,因此它提出大陆架划界原则应适用于《海洋法公约》,主张等距离中间线原则,而澳大利亚则坚持陆地领土自然延伸;(b)关于地理地貌问题。澳提出两条陆架边,即澳海岸至帝汶岛南侧 200 余海里的一条澳大陆架边和由帝汶海槽外的位于帝汶岛北侧的一条印尼大陆架边;印尼则认为只有一条陆架边,帝汶海槽是这一大陆架延伸的凹陷区。(c)国际政治因素。东帝汶岛原为葡萄牙的"海外省",1975 年独立成为东帝汶民主共和国,并在 1976 年被印尼并入成为第 27 个省。葡萄牙坚决反对,支持东帝汶人民的自决权。同时,印尼要求澳大利亚承认东帝汶属于印尼,否则边界谈判不予进行。此外,澳印双方的关系也成为谈判的障碍,澳方认为印尼是一个不安分的扩张主义的邻

国,印尼则认为澳干涉自己内政,两国关系一度紧张。

②三个区域划分与两层次管理机构。根据条约规定而建立的合作区有61000平方公里左右。合作区分隔成三部分,即区域A、区域B和区域C。三个区域的管辖方式是不同的。区域A位于整个合作区的中央,是真正意义上的合作开发区,该区域的石油勘探开采活动的经营权,由澳-印部长理事会和联合管理局掌控,位于A区的南部和北部的B区和C区由澳印双方分别管辖。

合作开发区同样贯穿于这两个地区,管辖区域的产品收入由双方部分分享。这种区域划分的方法既照顾了各自的主权和管辖要求,又缓和了矛盾,取而代之的是长期的合作和共赢。此条约所建立合作开发区的管理机构分为两个层次,部长理事会和联合管理局,将决策层同经营操作管理层区分开来。双方政府指定相同的人数组成部长理事会。部长理事会的宗旨在于"全面负责处理一切有关在合作区区域A范围内勘探和开采石油资源的事项"。部长理事会的职责是通过采取协商的方法处理内部的分歧,负责区域A范围内的石油资源经营活动,对所有重大决策事项进行宏观把控。作为一个具有独立法人地位的经营机构,并被赋予"为行使其权力和完成其职能所必需的、符合两国法律的法律能力"。联合管理局主要管理A区域的日常经营活动,它从属于部长理事会。从这种区分中可以看出,合作开发的真正权力集中于签约国双方政府之间的决策层,而把资源管理和开发功能交给联管局处理,这就更有利于合作开发工作的顺利进行。总而言之,澳-印条约是对有争议海域合作开发机制的一个创新和突破,为其他国家提供了一个成功的范本。

(2) 马来西亚-越南合作开发案

第一,马越合作开发区的建立与运行。在马来西亚和越南对泰国湾海域的权利主张中,也存在一块面积为25万平方公里的重叠区域。重叠区域位于越南的西南部以及马来半岛东海岸的东北偏东地区,长1000公里,宽300公里。由于有八九公里的沉积厚度,该盆地有着可观的石油前景。1971年,南越当局提出以与马来西亚之间海岸岛的中间线来划定大陆架的要求。1979年,马来西亚公布了一个有关本国大陆架权利主张的图表,该主张以马来西亚热浪(Redang)岛和越南金瓯(Camau)海峡的中间线为外部界线,而没有考虑越南的沿海岛屿。从1986年开始,马来西亚加强了在泰国湾地区的碳氢化合物的开发。马来西亚与外国公司签订了3份石油合同,而所在的地区与越南的权利要求区域重叠,越南当局立即提出了抗议。1991年5月30日,越南政府向马来西亚外交部发出照会,重申两国间的友好关系及合作精神,不允许任何一方单独授予第三方在重叠区域内勘探和开发石油的权利,表示越南已经准备好与马来西亚在尊重各方主权与相互利益的基础上,按照国际法与国际实践,就大陆架划界问题进行谈判。为此,马来西亚国家石油公司暂停了所有的石油开发利用计划,并等待与越南的谈判结果。1992年6月5日,双方签订了《马来西亚和越南社会主义共和国关于涉及两国大陆架的划定区域勘探和开发石油的谅解备忘录》(简称《马越谅解备忘录》)。在备忘录中,双方同意一片"划定区域",位于西马来西亚海岸的东北部和越南海岸的西南部,在两国的权利要求重叠区内。在这片区域内,双方同意根据一种合作开发模式,以一种谅解和合作的精神,勘探和开采该区域内的石油资源,并且不影响最终界限的划定。《马越谅解备忘录》签署后不久,马越合作开发区就正式设立并运行。1997年7月29日,在邦加科洼油田开采出了第一桶石油。目前合作开发区运行正常。

第二,马越合作开发区的法律架构。1992年《马越谅解备忘录》共8条,作为一份政府间的双边协定,其为马越合作开发区确立了一个基本的法律框架。

①合作开发区的性质。在1992年签订的《马越谅解备忘录》中,双方同意,位于马来西亚西部的东北海岸附近和越南西南海岸附近的两国大陆架界限的主张存在重叠,重叠区("划定区域")是由7个坐标点相连的直线围成的区域,面积约为1358平方公里。"划定区域"非常长(超过100英里),但是很窄(小于10英里)。由于它很窄,任何发现的油田都有可能部分地位于该区域,这就解释了两方能够迅速达成实践安排的理由:缘于一块油田只是部分地位于马越两国大陆架上的这片"划定区域",双方只能达成相互接受的条款来合作勘探和开采这片区域内的石油资源。

此外,《马越谅解备忘录》第二条第二款还规定:在油田部分位于"划定区域"、部分位于该区域之外的马来西亚或越南大陆架上的情况下,双方应就勘探和开发该油田达成相互能接受的条件。《马越谅解备忘录》在前言中指出:"为进一步加强两国间的合作,意识到位于马来西亚西部的东北海岸附近和越南西南海岸附近的两国大陆架界线的主张存在重叠;为执行两国领导人就这一仅涉及双方重叠区的合作达成的一致;注意到两国领导人就在适当时间与有关各方和平解决所有重叠主张问题的决定;认为在两国划分马来西亚西部的东北海岸附近和越南西南海岸附近的大陆架界限之前,先就该重叠海底的石油勘探和开发为目的达成临时安排,符合两国间的最大利益。"其第二条第一款规定,双方同意,在就"划定区域"大陆架最后划定界限之前,通过相互合作,在本备忘录有效期间内,根据备忘录的规定,勘探和开发该区域的石油;其第四条第一款规定,备忘录的任何条款均不得以任何方式被解释为影响任何一方对"划定区域"的立场和主张。在双方石油公司于 1993 年达成的商业协议中,合作开发的期限被设定为 40 年,但双方可以在任何时候达成协议延长这一期限。上述内容表明,马越两国有意避开与第三方的权利冲突,仅就相互之间的争端做出某种不会影响各自权利主张的临时安排。可见,1992 年《马越谅解备忘录》也具有临时性,仅是国家之间在未真正解决海洋划界争端之前所做出的一项临时安排。

②合作开发区的管理机构与模式。马越合作开发区建立了一种不同于泰马合作开发区(下文将系统论述)的管理机构——协调委员会。《马越谅解备忘录》第三条规定:"为本备忘录的目的,马来西亚和越南同意分别授予马来西亚国家石油公司和越南国家石油公司代表双方在'划定区域'进行石油勘探和开发;马来西亚和越南应分别指定马来西亚国家石油公司和越南国家石油公司订立彼此间的商业性安排,以在'划定区域'进行石油勘探和开发。此安排的条款及条件应由马来西亚政府和越南政府批准;双方同意,考虑到已在'划定区域'的可观投资,应尽全力保证在'划定区域'内持续和早日进行石油勘探。"

为了落实上述规定,1993 年 8 月,两家石油公司签订商业协议,建立了一个由 8 人组成的协调委员会,两家石油公司各指派 4 名委员,负责合作开发区的具体开发活动,制定并发布石油开发管理的政策指导方针。协调委员会以协商一致为表决规则,委员会主席每隔两年在两国之间轮换。协调委员会虽为管理机构,但其较之泰马合作开发区中的联管署(下文论述),其权限范围要小得多,基本限于协调和咨询联合经营中的相关问题,其本身并不具有颁发许可证、签订或执行协议的权力。

马越合作开发区将授予许可证的实质性权力保留给国家,商业协议需经双方政府批准,具体的经营则由商业公司全面负责。可见,协调委员会基本上是按照"联合经营"的模式在运作的。有学者认为,马来西亚、越南以协调委员会为特点的"联合经营"模式比后面要谈到的马来西亚、泰国以联管署为特点的"公司制"模式更好,具有简单、灵活、公正、全面和务实的优点。因为协调委员会是由国家石油公司委派的,而不是像联管署那样直接由政府委任。这样一来,就可以避免政府过多地干预商业活动。其实,两种管理模式各有利弊,很难说孰优孰劣。无论是管理机构还是管理模式的选择,都主要取决于当事国的政策取向。对于泰马合作开发区这样的当事国意图维护政府控制权、强化政府联合管理的情况,"公司制"模式比较适合;而对于马越合作开发区这样的当事国更加致力于保障商业公司开采权、促进商业公司灵活经营的情况,"联合经营"模式显然是更好的选择。归根到底,没有最好的管理模式,只有最适合当事国需要的管理模式。

③合作开发区的合同制度。越南于1993年颁布《石油法》,规范了石油作业的国家管理,并对其适用包括产量分成制在内的多种形式的石油合同制度,这一立场在历经2000年和2008年两次修法后仍未改变。不过在建立合作开发区的时候,出于经济和技术的原因,越南国家石油公司选择将勘探开发活动经过协调委员会全部交给了马来西亚国家石油公司,而越南石油公司则依据石油分享合同,享有50%的收益。由于在合作开发安排达成之前,马来西亚采用的是产量分成制,于是两方同意相关合同方继续在划定区域内采用产量分成制;相应的,采用产量分成制的马来西亚《石油开发法》以及相关石油法规也就适用于合作开发区。在该合作开发区内,国家保留对各自的国家石油公司颁发许可证和进行宏观管理的权力,石油公司享有排他的勘探开发权,并负责具体经营活动。一国政府可根据本国法律和经济上的考虑核准石油公司的申请,双方政府授权各自的石油公司进入合作开发区。然后,要求双方国家石油公司订立合作经营协议,以合资机构的形式对合作开发区内矿物资源进行勘探开发。合作经营协议须经双方政府的批准。在运作过程中,协调委员会对执行合作开发协议中的问题进行审查、监督及发布咨询意见。

④合作开发区的费用与收益。1992年《马越谅解备忘录》第二条第三款明确规定:"有关勘探和开发'划定区域'石油的一切费用和收益由双方均摊。"可见,与《泰马谅解备忘录》一样,平等地分摊费用与分享收益乃是《马越谅解备忘录》当事国合作所遵循的一项原则。不难理解,由于越南石油公司将勘探开发活动的权力经由协调委员会都交给了马来西亚国家石油公司,故而马来西亚国家石油公司实际上需要承担所有的合作开发活动及其费用。基于此,马来西亚国家石油公司从事合作开发的净收入及其所有的税费和关税,都应当由越南国家石油公司平等地与之分担。

⑤合作开发区的管辖权。《马越谅解备忘录》并未处理合作开发区内除石油开采活动以外的其他问题,故而对于合作开发区内的民事、刑事、行政管辖权以及这些管辖权之间的消极或积极冲突的问题,也没有做出相应的规定。

⑥合作开发区的争端解决。马来西亚和越南倾向于优先在管理机构内部通过政治手段来解决合作开发区内的争端。双方同意,任何来源于或有关于商业的或石油开发活动的争端或意见不一致都将在协调委员会的广泛指导下在两个国家石油公司之间解决,委员会所达成的任何决议或决定都是具有友好性、审慎性并符合国际石油工业的现代实践的。只有协调委员会不能友好解决的争端或争议,才将被提交两国政府解决。应该说,倡导优先在合作开发管理机构内部解决争端,不失为一种不错的方案。当争端上升到外交层面的时候,两国除了明确和平解决

的意愿之外,也没有更为具体的应对措施,故而《马越谅解备忘录》第五条中只是规定,"本备忘录条款解释和适用上的任何分歧应由双方通过协商或谈判和平解决"。

(3) 马来西亚-泰国合作开发案

马来西亚-泰国合作开发方案的实施考察:

①马泰合作开发区的建立与运行。《泰马谅解备忘录》从谈判到正式启动并实施合作开发计划,全过程共经历二十多年的时间。两国的合作开发地区在泰国湾西南地区,呈三角形,基本上处于泰马两国陆上合作边界外约50公里的地方。从两国陆上合作边界向泰国湾海上伸展大约50公里这一条边界线不存在争议,泰国于1973年沿此线朝南划了一条海上疆界线,马来西亚1979年则沿此线朝北方向划了一条疆界线,这样,就在泰国湾马来盆地西北地区形成一块主权重叠的三角区。这一地区天然气储量极其丰富。需要补充的是,1971年时,由于当时的南越政府在泰国湾单方面划出的一条大陆架边界线,正好穿过泰马争议三角区的西北角,使得这一争议实际涉及泰马越三个国家。20世纪70年代初泰马正式开始以双边方式会谈并协商合作开发泰国湾大陆架。两国于1979年2月17日决定合作开发这一争议地区的海上非生物资源并达成《泰马谅解备忘录》。两国政府后于1979年10月24日以互换批准书形式批准了此份协定,此项协定的有效期为50年。在执行备忘录的过程中,对备忘录的解释出现分歧,两国在合作开发或管理机构中不同的法规和政策,导致困难重重。接着大约相隔十年的时间,在新旧交替的政府官员的一致努力下,原来的协定在1989年8月才再次获得核准。1990年,两国依据该协定正式批准成立"马泰联合管理署"。1993年底前,该局已对最初的三份生产分享合同完成草签工作。1994年4月21日,这三份合同正式生效,泰国总理川立派和马来西亚总理马哈蒂尔共同出席了在吉隆坡举行的合同书批准仪式。这标志着泰马合作开发泰国湾进入正式实施阶段。

②马泰合作开发区的法律架构。1979年《泰马谅解备忘录》共8条,作为一份政府间的双边协定,其为泰马合作开发区确立了一个基本的法律框架。

③合作开发区的性质。1979年《泰马谅解备忘录》第一条规定,"双方同意作为两国就泰国湾大陆架边界线所提出相互重叠的主权要求的结果,在相邻的大陆架上存有一块重叠地区",并确认在该重叠区域建立合作开发区。合作开发区是一个位于从东北部到西南部的三角形,横跨马来盆地的西北部核心,顶端指向陆地,位于离岸72千米处,从泰国南部的那拉提瓦省延伸至马来西亚半岛的吉兰丹州和登嘉楼州。

无论是1979年《泰马谅解备忘录》，还是1990年执行备忘录的协定，都具有临时性，是国家之间在未真正解决海洋划界争端（即达成划界协议或者提交国际司法机构裁决）之前所做出的一项临时安排。《泰马谅解备忘录》为这一临时安排所设立的期限为50年，但这个期限也并非固定不变，而是取决于有关争端解决的进展。若争端能够真正解决，则临时安排可以随时终止。若争端不能真正解决，则临时安排继续有效。故而《泰马谅解备忘录》第六条规定："如果双方在所规定的50年期限届满之前能对大陆架划分界限问题取得满意的解决方法，那么联管署应该终止运作，其所管辖的资产应该平均分享，其所有的债务也应双方对等分担。如果两国在规定的50年内对大陆架划界问题未能找到满意的解决方法，那么，现存的安排在规定的期限到了之后继续有效。"可见，泰马合作开发区就其本质而言，属于缓冲海洋划界争议的临时安排。

④合作开发区的管理机构与模式。根据1979年《泰马谅解备忘录》第三条，联管署是合作开发区的主管机构，其宗旨是"应代表双方对于勘探开发重叠区域海床和底土的非生物自然资源事宜承担权利和义务"，职能为"在关于该地区的发展、控制、管理方面代表双方承担起所有的权利、责任和权力"，包括颁发许可证的权力、制定规章的权力以及与外国运营商一起参与开发合同的权力等。联管署的权力不溯及既往，其"所承担的权利和义务不得以任何方式影响或缩短任何一方迄今做出的安排、已达成的协议或已签发的许可证或做出让步的有效期限"，这也就意味着先存权在该合作开发区能够获得承认。联管署在制定政策时应遵循"一致同意原则"。

联管署由两国各派出7名官员组成，两国各派出1名文官担任联合管理署署长职务。其成员都是两国总理府、能源部、财政部、外交部和国家石油公司的高管，包括燃料厅厅长、条约法律司司长、税务厅厅长等相关业务的主管领导。就连具体办事部门中的30多位工作人员，基本也是两国能源部、财政部、国家石油公司的政府官员。

《泰马谅解备忘录》最初的意图，是把联管署建立成一个超国家的管理机构（Super-National Authority），即一个专门化的小型国际组织。联管署将按照《联管署规章》独立运作，原来双方政府各自在争议海域所拥有的专属权将暂时让渡给联管署来加以执行。然而，以国际组织乃至超国家机构来处理合作开发事宜的模式过于理想化，在实践中很难行得通。事实上，泰马两国也都不愿赋予联管署1979年备忘录中所规定的超国家的权力。因此，直到1990年协定修改了1979年备忘录的有关规定之后，联管署才得以正式开展工作。根据1990年协定，联管署具备法律人格，具有制定政策和管理、参与合作开发区内非生物资源勘探和开发的权力。但是，其行使权力需要两国政府的事先批准，且其不能够与其他外部实体建立独立的联系。

可见，联管署并非严格意义上的国际组织，更不是有的学者所认为的超国家管理机构，而是一个半官方的常设双边协调机构，其所具有的法律人格，是仅仅从国内法意义上而言，而绝不能等同于国际法律人格。归根到底，管理机构的设置应当与合作开发区的性质相匹配，为了一份临时安排而成立国际组织乃至赋予其超国家权力，并非可行之策。因此，联管署在泰马两国政府的授权与控制之下，按照公司的模式运营，这就使得泰马合作开发区呈现出"公司制"的管理模式。在这一模式之下，泰马两国政府就是这个"公司"的股东，政府指派的数名官员就是股东借以控制"公司"运作的董事。由于"公司"本质上是为"股东"利益服务的，故而联管署必然要向两国政府负责，并以寻求两国利益的最大化为宗旨，而不可能像真正的政府间国际组织乃至超国家组织①那样，以单独的国际法主体面目出现，并仅向某个条约（通常为其基本文件或者章程）负责。

⑤合作开发区的合同制度。在建立合作开发区之前，马来西亚和泰国对石油开采适用不同的合同制度。马来西亚于1974年颁布了《石油开发法》，将包括勘探、开发、执照发放在内的所有石油开采权利赋予马来西亚国家石油公司，并采取产量分成制。而泰国1971年《石油法》采取的则是租让制②。由于两种制度之间存在着较大的差异，故而两国必须协调关于石油开采的合同制度。最终，两国同意采用产量分成制，以联管署为一方，马泰两国政府指定或者许可的商业公司及其组合为另一方，签订具有产量分成合同性质的合资经营协议。联管署于1994年签订了两份产量分成合同，一份以马来西亚国家石油公司下属卡里加利公司（CARIGALI）和泰国石油勘探开发公司（PTTEP）为缔约方，着重开发B—17矿区和C—19矿区；另一份则以卡里加利公司和美国特莱登能源公司（TRITON）为缔约方，合作开发A—18矿区。根据有关协议，开采出的天然气全部由泰国国家石油公司和马来西亚国家石油公司收购，并交由两者联合成立的子

---

① 超国家组织不是承担促进政府间合作的责任，而是制定法律以直接适用于成员国领土。参见饶戈平主编：《国际组织法》，北京：北京大学出版社，1996年，第57页。

② 产量分成制（Production Sharing System），是在资源国拥有石油资源所有权和专营权的前提下，外国石油公司承担勘探、开发和生产成本，并就产量分成与资源国政府（或国家石油公司）签订的石油区块勘探开发合同。租让制（Concession）是世界石油勘探开发合作实践中最早使用的一种合同模式，其主要内容是国家准予外国石油公司在一定的地区和时期内实施各种石油作业的权利，包括勘探、开发、生产、运输和销售等，资源国政府通常只征收矿区使用费和与油气作业有关的特种税费。参见王年平：《国际石油合同模式比较研究》，北京：法律出版社，2009年，第49–54页。

公司泛泰马公司（Trans Thai–Malaysia，TTM）在两国的两个分公司分别管理和销售。

根据合同约定，在生产经营中将严格遵循利益均分原则。具体产量分成方案为：合同期限为 35 年，头 10 年用于勘探与开发，假如签约公司发现指定的区块具有商业开采价值，那么签约公司可再有 5 年时间把其天然气输送到市场出售，然后还可有 20 年的开采期。签约公司从生产中至多可以提取 50% 的产量以作为其对开发和经营成本开支的补偿，同时必须向两国分别上交 5% 的生产量，而剩余产量则在联管署同签约公司之间平均分配。

⑥合作开发区的费用与收益。平等地分摊费用与分享收益乃是合作开发当事国合作所遵循的一项原则。为此，《泰马谅解备忘录》第三条第五款规定，联管署用于合作开发区域的费用及由此获得的利润应由两国平摊与均分。在实践中，两国的收入分成方法为：首先，联管署以税收形式从销售收入中提取 10%，再拿出一定份额（A—18 矿区为 50%，B—17 和 C—19 矿区为 60%）交给获得专营权的泰国国家石油公司和马来西亚国家石油公司冲抵初期投资，剩余的 40%（或者 30%）作为利润由联管署和签约公司各分得一半。其次，联管署收取的 10% 税收和 20%（或者 15%）的利润之和，作为泰国和马来西亚政府的合作收益，由两国政府均分。

⑦合作开发区的管辖权。《泰马谅解备忘录》第五条不仅对两国的刑事管辖范围做出了规定，并且以一系列坐标对其加以确定，马来西亚和泰国刑事管辖权覆盖的范围分别为 930 平方公里和 1100 平方公里。该条同时指出，关于刑事司法管辖地域的规定既不能被视为两国在依据第二款规定而确定的合作开发区内的大陆架分界线，也不应损害任何一方在合作开发区内的主权权利。而若是联管署成员犯法，则由两国政府做出司法裁决。后来双方又商定，除国家税收和海关税收事务另作规定外，上述坐标范围所确定的刑事司法管辖范围也适用于民事和行政管辖权。

《泰马谅解备忘录》第四条规定了两国在合作开发区的某些行政管辖权协调一致并适用于开发区，诸如"两国政府就渔业、导航、水文学和海洋勘测、海洋污染及其他同类事务的预防和控制所授予或行使的权利（也包括与此相关的所有强制权力）都应适用于合作开发区域，而且这些权利应得到联管署的承认和尊重""双方在合作开发区域内应做出协调一致的安全安排"。对于合作开发区的税收征管问题，泰马两国就以下几个方面达成了协议：第一，课税总额为两国先行税率的 50%。第二，从马泰任何一国输出、输入合作开发区的货物和设备均应视作境内货物流动。第三，联管署认为必要的货物、设备和材料在当地采购不到而又急需或必须从国外进口以供合作开发区使用的,予以免税放行。第四,两国关税法具有同等效力,但其适用程序应由两国海关署以个案处理原则予以决定。第五,制定一项财务规章,规定两国政府可以向联管署征税,规定两国对于所得利润的分享原则和方法,规定联管署可以保留的份额以供投资或用于其他的目的,以及此种征税与既有双重征税条例的区别。第六,合作开发合同的缔约方可以享有税收优惠,其中签约公司在头 8 年生产期免税,以后 7 年税率为 10%,再往后的税率为 20%;而联管署的盈利则完全免税。可见,当事国可以在合作开发区就民事、刑事和行政管辖权做出某种权宜性的划分,从而暂时解决管辖权的消极或者积极冲突问题,但各方必须明确约定此划分不妨碍未来的海洋划界和主权归属,并且仍然需要就某些管辖事项进行沟通和协调。

⑧合作开发区的争端解决。1979 年《泰马谅解备忘录》第七条规定,"对本备忘录条款的解释或实施中所产生的异议或纠纷应在双方间通过协商或谈判采用和平的方式加以解决"。不难看出,这一规定非常原则和抽象,不足以建立某种确定的争端解决机制,但这也是适应于合作开发的临时安排性质的。为了弥补这一不足,1990 年马泰两国签订的协定对如何处理双方在合作开发中产生的争议做出了明确的规定:双方因该订约产生的任何分歧如果不能和平地解决,则应该把争议提交由 3 名仲裁员组成的仲裁小组仲裁。其中双方各自指派 1 名仲裁员,第三名仲裁员则由双方合作指派。假如在一定的时间内双方不能就合作指派第三名仲裁员达成一致意见,则应该向联合国国际贸易委员会申请指派 1 名仲裁员。

⑨对马泰合作开发案的总结借鉴。《泰马谅解备忘录》指出:为了巩固双方彼此长久友谊及加强日后彼此关系而签订此协议;承认两国在泰国湾内大陆架上确有一主权声明重叠区域;针对该区域的海底非生物资源,两国将设立合作开发区,组建联合管理署进行合作开发;承诺将继续谈判以划分在泰国湾的大陆架疆界。通过对泰马合作开发案的分析,可以得出两国成功合作的经验借鉴。

第一,正确看待国家主权问题。主权问题是一国的根本,应当受到任何国家的尊重,但是在合作开发案中,对特定的情势和事情必须做出部分主权的让渡,而这种让渡又需要在日后的实践中得到数倍的回报。毫无疑问,这种决策不是朝夕之间所能完成的,务必经过权衡利弊,这种抉择过程也是相当痛苦的。泰马两国的协定在处理主权问题时也是十分谨慎的。《泰马谅解备忘录》第 2 条规定,合作开发区边界不是两国海上疆界线,两国将继续通过谈判来谋求解决在泰国湾大陆架划界问题。第 6 条还规定,假如双方在规定的 50 年合作开发期内对划界问题取得了圆满的解决,共管机制结束;但是假如 50 年内未能寻得圆满的解决办法,现行安排在 50 年后继续运行。

第二，联合管理机构发挥重要作用。为执行合作开发任务，《泰马谅解备忘录》决定建立一个名为"马泰联合管理署"的机构，文件规定，建立联合署的宗旨是：联管署代表两国政府承担勘探和开发区内海床和底土内的非生物自然资源的全部权利和责任。共管机构建立在对等原则基础之上，因此，在人员建制上规定两国派出人员数额相等，两国各派 7 名官员组成，并且两国各派 1 名文官担任联合管理署署长职务。联管署独立于两国法律框架范围，成为一个超国家的独立的行政性管理机构。联合管理署可就非生物资源的勘探及开采合同有权决定批准、延长或者终止；批准合同当事人所提交的工作计划或生产计划；取得合同当事人有关开发所取得的资产和财产清单；批准采购物品和服务等相关事项。

第三，均等、均享及均分原则。两国同意采用均等、均享及均分原则处理财务问题，包括成本分摊、利益分配以及债务承担问题。例如，文件第 3 条第五款规定，对于合作开发区的成本费用、生产收益应该采用均摊均分原则，第 6 条又以"均享"原则处理合作开发区所管辖资产，并又规定"均分"原则处理"联管署"所负债务问题。

签订的合作开发合同全部采用产品分享合同形式。总的原则是，生产经营中严格遵循利益均分原则、合同期限为 35 年。头 10 年用于勘探与开发，如进行地震测试或进行地质物理方面的测试，假如签约者发现指定的区块具有商业开采价值，那么签约公司可再有 5 年时间把其天然气输送至市场出售，然后还可有 20 年的开采期。作为优惠政策，签约公司在头 8 年生产期免税，以后 7 年税率为 10%，此后的税率为 20%。联管署赢利额完全免税。但是，合同规定，签约公司必须向马泰两国分别上交 5% 的生产量货物，而签约公司从生产中至多可以提取 50% 的产量，以作为其对开发和经营成本开支的补偿，剩余部分在联管署同签约公司间平均分享。

3.3 争议性海域合作开发制度国际实践的启示

通过对几个案例的研究和比较，总结合作开发机制应该具备的必要条件，将对我国与其他国家构建争议海域合作开发机制有极大的启示作用。

3.3.1 合作开发区的划定

合作开发区的划定由双方谈判确定。马来西亚和泰国合作开发案中就规定，双方承认彼此划定的大陆架的主张，并承认相邻大陆架存在重叠区域，这一重叠区域应该作为合作开发区。英国和挪威的弗里格气田合作开发案属于跨界开发，大陆架已经划定。双方协定将弗里格气田看作一个独立的项目，两国政府与许可证持有人合作协商进行油气的开发。

3.3.2　合作开发区的管理模式

在合作开发区内应该设立一个决策机构，便于石油开发活动的管理。由于各国的政治、经济、文化均有差异，所以管理模式的制定也需要两国通过协商决定。通过对现有的合作开发案例进行分析，合作开发的管理模式主要有联合经营模式、超国家管理模式和一国代理制模式。联合经营模式中，国家负责对许可人颁发许可证，许可人则负责具体经营活动，政府有对开发活动的宏观管理权力。这一开发模式简单、商业效率高，马来西亚和越南的合作开发案就采用了这一管理模式：双方指定各自国家的石油公司在合作开发区内进行勘探、开发活动，石油公司之间在政府的批准下订立商业协议。超国家管理模式是指两国政府各派相同数目的人员组建超国家的管理机构（一般称为联合管理局或联合委员会），由该机构全权负责合作开发区的全部工作。马来西亚和泰国合作开发案、澳大利亚和印度尼西亚合作开发案中 A 区的管理模式（成立部长理事会和管理局，前者制订政策并监督后者，而后者主要负责勘探开发活动）都属于超国家管理模式。联合管理局运作产生的费用由两国政府合作承担，而且获得的税收和利润也由两国平摊。两国应根据国内法制定出一套新的法律，适用于联合管理局。这种模式中只有一个超国家管理机构，因此减少了开支、提高了工作效率。代理制模式是一国代理另一国，对于合作开发区内的石油开发活动负全部责任。澳大利亚和印度尼西亚案中 B 区和 C 区就采用了代理制的管理模式，每个区内只有一个国家负责，适用一国法律。

3.3.3　合作开发区的税收制度

两国就争议海域进行合作开发主要是基于经济利益。合作开发区内的税收制度和收益分配方式直接关系到两国政府的税收以及投资企业的收益。国际上关于合作开发的税收制度主要有三种：并行税务制、单一税务制和新建税务制。税收制度和管理模式相一致，联合经营模式对应并行税务制。超国家管理模式对应单一税务制或新建税务制。并行税务制中，一国只对本国的许可人或者承包商征税。这种税务制使各开发公司缴纳不同的税，可能会影响经营决策。单一税务制中，合作开发区使用两国中的一国的税收制度。澳大利亚和印度尼西亚合作开发案采用单一税务制，B区适用澳大利亚法律，但是税收的10%要交给印度尼西亚，C区适用印度尼西亚的法律，但是税收的10%要交给澳大利亚。这种制度的缺点显而易见，另一个国家会有疑虑，担心本国利益受到损害，不利于两国继续合作。因此，比较理想的状态是两国协商建立新的适用于合作开发区的税收制度，确保两国的石油经营活动都能够顺利进行。澳大利亚和印度尼西亚案的A区使用新的税制，两国协商制定了税务法规，规定了避免双重课税、红利纳税、进口货物纳税等制度。

3.3.4　合作开发区的收益分配制度

合作开发区的收益分配一般有两种：一种是两国按确定比例分享；另一种是平等分配。按照边界线两侧资源的比例来确定收益的比例，同时配套有确定分配的程序和审查程序。由于确定各国界内的资源之间的比例本身就是一件困难的任务，再加上复杂的分配程序和审查程序，实践中很少使用这种方式。澳大利亚和印度尼西亚合作开发案中采用了平等分配制度，规定A区内，开采石油资源获得的收益应该由双方平等分配。平等分配是简单、公平的方法，被广泛应用到国家间共有的资源合作开发案例中。

3.3.5　合作开发区内法律适用

各国在建立合作开发机制的过程中都会尽可能地扩大本国的管辖范围和管辖权，争取将本国的法律制度适用于合作开发区内。实际上，海洋管辖权是以领土主权为依托的，是从领土主权中派生出来的权利。在现有的合作开发案例中，合作开发区管辖权的行使情况主要有：由一国单独管辖并适用本国法律；在边界线各自一侧行使管辖权并适用本国的法律；在重叠区域内合作行使管辖权。采用超国家管理模式的合作开发机制一般都适用双方合作管辖重叠区域。该区域一般不适用任何一个国家的法律，而是适用对两国相关法律进行调整和协调而制定的一套共同遵守的新建法律。

4 南海油气资源合作开发制度设计

4.1 南海油气资源合作开发制度设计的法理基础

从合作开发的国际实践来看，合作开发制度适用的区域包括大陆、岛屿、领海、大陆架及专属经济区。如果两个或两个以上国家对这种领土的任何部分同时主张享有主权，则必然导致主权争议，有关国家完全有权搁置争议，实施功能合作开发。但国家之间对大陆架和专属经济区这种仅享有专属性主权权利的跨界或权利主张重叠区域是否有足够的、充分的权利实施合作开发，是值得探讨的问题。事实上，中国提出的"主权属我，搁置争议，共同开发"的争议海域的方案，是符合《海洋法公约》规定的。各国合作开发的实践证明，合作开发是必要、切实可行的。

4.1.1 合作开发制度的法律特征

（1）合作开发以协议为基础

合作开发是一种与单方面开发相对立的集体行动。根据《海洋法公约》第74条和第83条的规定，有关各国应基于"谅解和合作"的精神，"尽一切努力"达成实际性的临时安排。该款用规范性条款来对此加以阐述，表明此种要求不仅仅是一种不具有约束力的建议或鼓励，而是一种强制性规则，违反规则就是违反国际法。同时，《海洋法公约》第83条第3款还规定："各国应不危害或阻碍最后协议的达成。"最大限度地维护双方权利的方式显然使有关国家在此方面进行合作，以协定的形式就石油资源的勘探与开发、收入分享、财政负担、活动管理、法律适用等做出制度安排。

(2) 合作开发的国家主体性

合作开发不同于经济实体间的商业性合作开发，它是以国家间的协议为基础，主体是国家。在存在油气矿藏跨越海上边界或位于争议区的情况下，任何一国对这一油气矿藏均享有主权权利，但任何一方又均没有排他的完全或唯一的权利。国家在此方面进行合作，以订立条约或有约束力文件的形式，对这一油气矿藏进行合作开发，受到国际法的保护。

(3) 合作开发的功能性

从现实考虑，合作开发是一种功能性安排，是一种符合实际的做法。主要表现在：第一，基于政治或经济上的考量，有效地进行勘探开发石油资源，以实现双赢为目标；第二，第三国依国际法在大陆架或专属经济区享有的其他海洋权利或合法用途不受国家间的这种合作安排的影响；第三，这种合作安排或活动通常不意味着任何一方放弃其权利或权利主张；第四，这种合作安排本身或活动不构成支持或否定任何一方对有关区域及其石油资源的权利或权利主张的法律基础，同时也不能创设任何新的权利或扩大现有权利主张。

(4) 合作开发的临时性

这种临时性表现在：合作开发是一种针对某一特定区域的油气资源进行合作勘探开发的协定安排。当两国的海洋区域发生重叠时，采用合作开发通常不涉及解决争端本身，更不是对边界问题的永久性安排，它一般随着海洋边界线的最终划定或设立的合作开发区不再成为必要而终止。部分合作开发协定包含有效期的规定，体现了合作开发的临时性，在该期限内，有关国家将继续进行海洋边界谈判，解决划界问题。如果有关国家愿意，合作开发可以作为永久性办法。

4.1.2 合作开发制度的法律地位

合作开发作为一种化解国家边界争端、开发具有争议的矿藏资源的有效的、又有明确国际法理基础的合作制度，深受大多数国家特别是发展中国家的拥护和欢迎，也受到一些法学家的公认和推崇。他们坚信，在很多具有潜在的油气储藏的争议区，合作开发的时代一定会到来。直到今天，参与合作开发的国家已达20多个，其合作的效果也比较理想。但是，随着合作开发的广泛采用，合作国家之间的矛盾也逐渐增多，合作过程中的纠纷也复杂多样，从而引发了人们对合作开发制度的深度思考。

合作开发是一种解决资源纠纷的手段，还是一种习惯国际法规则？对这一问题到目前还没有形成统一的共识。不同的国家有不同的政治、经济利益诉求，从而有不同的态度。特别是涉及政治、经济、技术水平差别显著的国家，他们不接受合作开发的理念，也不进行实质性的合作开发实践。或者说，他们并不把合作开发当作必须信守的国际法条。实践结果表明，合作开发能否被采纳，取决于有关国家有无合作的政治意愿和经济基础，有时政治制度的差异也会成为合作开发的障碍，经济、技术实力的悬殊也会影响合作开发的实施。当双边的合作开发涉及第三方利益时，真正合作开发的效力也会大打折扣。所以，尽管合作开发提出了60多年，实现合作开发的国家仍然是少数，这些国家本身也没有把合作开发视为国际法的需求。对多数国家来说，还没有把合作开发视为解决资源争端的首选，更没有将其视为通用的国际法则。尽管资深专家奥诺拉托认为，"合作开发是既定习惯国际法规则，具有强制性，对所有国家有拘束效力"。但其他国际法学者对他的看法并不完全支持。其中反对观点认为，国际法上的合作是国家出于经济和政治的考虑，并是一种自愿的过程，而非习惯法规则。从习惯国际法规则的构成上考虑，海洋石油资源合作开发的国家实践没有表现出符合习惯规则构成的实质要件。把合作开发区作为边界线的替代方法不是解决海洋边界争端的最佳方法，有些面临潜在合作开发区的国家可能根本就不接受合作开发。

与此同时，国际法院或仲裁法庭迄今还没有一个案例涉及合作开发区，目前只有冰岛与挪威大陆架划界调解委员会的报告可以作为划定合作开发取得实践案例。合作开发仅是一种临时解决方法，不是解决未定边界问题的最佳或永久性方法。有关当事国有无合作开发资源的意愿是合作开发采用与否的标准。由于法律意识不同，有些国家并不把合作开发视为一般接受的国际法规则，认为合作开发的观念似乎并不优于大陆架划界。有时国家领土和边界争端不仅涉及物质上的利益，还会涉及国家尊严和国家安全，甚至涉及第三方利益，此时达成协议就更为困难。

综上所述，合作开发强调在管理和开发资源以及其他海洋用途上的合作，其功能性和可执行性特点使它成为维护有关利益国家对共有矿藏相互权利的优先替代方法。合作开发具有现实的可能性与必要性，不管它是否为国际所公认，事实上，现在已成为争议海域国家倾向采用的有效方法。

4.1.3 合作开发制度的法律依据

(1) 基本法律依据

大陆架制度以及沿海国对大陆架享有的主权权利是争议区域石油资源合作开发的基本法律依据。《日内瓦大陆架公约》规定,大陆架指"邻接海岸但在领海范围之外,深度达 200 米或超过此限度而上覆水域的深度容许开采其自然资源的海底区域的海床和底土",但《海洋法公约》改写了上述定义,公约规定沿海国陆地领土的全部自然延伸,扩展到大陆边外缘的海底区域的海床和底土为沿海国的大陆架。如果从领海基线起到大陆边外缘的距离不足 200 海里,则扩展到 200 海里的距离。这一定义既确认了大陆架是沿海国陆地领土的自然延伸,又照顾到了在大陆架国家的利益。① 占世界海洋总面积 25% 的大陆架,是最具石油生产潜力的区域,是绝大部分海洋石油资源的储藏区域。

沿海国对大陆架享有一种具有主权性质的权利,它不同于主权,但又高于一般的管辖权,它是仅次于主权的一项占有性权利。② 对大陆架的主权权利具有三个特性:专属性、固有性及功能性。如果沿海国不勘探大陆架或开发其自然资源,任何人未经沿海国同意,均无权从事该类活动;沿海国对大陆架的主权权利是固有的,无须通过有效占领等领土取得方式或单方面宣告等来拥有该权利,未对大陆架进行占有或开发,或未对开发要求做出反应,都不构成沿海国对大陆架权利的放弃;大陆架权利的存在和承认仅为沿海国在大陆架进行资源勘探开发,不影响他国在上覆水域及其上空的其他合法权利。

尽管大陆架制度确定的沿海国对资源的主权权利不同于该国对其领土资源的主权,但大陆架主权权利的专属性,赋予沿海国对大陆架矿物资源进行排他开发的权利,这使沿海国开发大陆架资源具有了充分的法律依据。即使是合作开发石油资源,也是有关国家联合行使其各自根据国际法所拥有的大陆架主权权利的体现。

当然,大陆架主权权利并不是绝对的。相邻或相向的两国之间可能对某一大陆架存在重叠的主张,因此,一国在行使大陆架主权权利时,要顾及另一国对该大陆架的相应权利,不能对他国相应的主权权利造成损害。

---

① 梁西. 国际法 [M]. 武汉:武汉大学出版社,2003:140.
② 萧建国. 国际海洋边界石油的合作开发 [M]. 北京:海洋出版社,2006:60.

（2）直接法律依据

《海洋法公约》第83条关于临时安排的规定以及相关国家间就合作开发达成的双边协定是对争议区域石油资源进行合作开发的直接法律依据。

根据《海洋法公约》第83条第3款的规定，海岸相向或相邻的国家间暂时无法就大陆架界限达成协议时，各国应基于谅解和合作的精神，尽一切努力做出实际性的临时安排。在过渡期间内，各国不得危害或阻碍最后协议的达成，且临时安排也不妨害最后界限的划定。

《海洋法公约》关于临时安排的基本含义是：①相邻或相向国家间应公平地解决大陆架的界限问题，该问题的解决以划界协定为最终标志。②如果各国在合理期间内无法达成划界协定，可以对大陆架主权权利的行使采用临时安排。③采用临时安排并不是相关国家的实质性的义务，公约仅规定各国"尽一切努力"，表明其仅是一种程序上的义务。④临时安排存在的过渡期限并无统一规定，由相关国家根据具体情况自行约定，临时安排的终止和划界协定的达成之间也无绝对的因果关系。⑤有关临时安排的协议，并不意味着相关国家放弃对大陆架主权权利的主张，也不妨害最后划界协定的达成。

根据国际实践和普遍认识，合作开发是一种临时性的实际安排，甚至是最有效、最可能的一种临时安排。因此，《海洋法公约》第83条关于划界前临时安排的规定，被认为是在争议区域合作开发石油资源的直接法律依据。

最终决定在争议区域进行合作开发的是相关国家间的合作开发协定。虽然双边协定适用范围有很大的局限，但就合作开发个案而言，却是最直接的法律依据。合作开发协定除了表明相关国家对争议区域内石油资源进行合作开发的合作意愿外，往往还明确规定了合作开发活动的基本准则，包括合作开发区域的划定、开发机构及其职能、开发合同的相关问题、财务税收问题、污染和环境保护问题、争端解决方式等，这些构成了合作开发具体活动最直接和最详细的法律依据。

4.1.4 争议海域油气资源合作开发的基本原则

在争议区域内对石油资源进行合作开发，是在暂时无法解决划界问题时采取的临时措施，是权宜之计。即便如此，合作开发活动仍应严格遵循一些基本法律原则。这些基本原则主要包括以下几个方面：

(1) 平等互利原则

平等互利是国际经济关系和国际合作的基本原则。平等,是指相关主体之间法律地位上的平等、权利和义务的平等;互利,是指各主体在相互交往中不能为满足自己的利益需求而损害他方利益,要兼顾各方的利益,力求达到共赢。平等和互利不可分割,只有实现了互利,才是真正意义上的平等。在合作开发争议区域石油资源的活动中,各合作国不论大小、强弱和政治经济制度如何,都是平等的主权国家,其对争议区域主张的主权权利也是平等的,当事国之间应当相互尊重对方的主权地位和主权权利,不能为争取本国的资源利益而损害他国的主权权利。在签订合作开发协定中,应注重实质上的平等,以维护相对弱者的利益。在合作开发协定、国际石油合同以及合作经营协议中,权利义务相互对等,片面义务的条款、损害一方权利的合同和协议应属无效。只有依据平等互利原则进行的合作开发,才能是对各方均有利的新型国际经济关系,才能有力地维护各方的利益,促进各方经济的发展。

我国与南海周边邻国合作开发争议区域石油资源时,要坚持平等互利原则。首先,要保证合作开发是双方自愿一致的选择。对经济发展水平发达、在争议区域已经存在经济活动的国家,我们也不能妥协和退让,坚持在平等互利的基础上进行谈判和开展合作开发;对于疆域比较小、经济发展较慢、在合作开发中没有过多优势的国家,我国也不能将自己的意愿强加于他们,要坚持合作开发的平等和互利。其次,在合作开发协定中,要注重实质上的平等,而不仅仅是形式上的平等。比如,对于勘探开发技术欠发达、国家在合作开发中可用资金缺乏的国家,就不能一味地要求双方合作出资进行勘探开采,平分收益,而可以采用灵活的方式,由我国先行出资和技术先行勘探开发,在生产效益产生以后,将扣除成本以外的收益与合作国平均分享,以维护在经济和技术上相对弱者的权益,实现真正的平等互利。

(2) 国际合作原则

国家间的合作,通过合作促进合作的发展,是国际交往的传统。随着国际经济关系的发展,国家间的合作范围越来越大,合作的领域不断拓宽,合作的层次越来越多,合作的形式也越来越多样化。第二次世界大战以后,各国平等的国际合作成为一项具有普遍意义的现代国际法基本原则。当前的国际社会已经形成了一个以联合国为中心的,各国平等的全球政治、经济、社会、文化等国际合作体系。只有促进国家间的平等合作,才能更好地促进各国经济以及世界经济的良性健康发展。在争议区域合作开发石油资源,国际合作原则是重要的基本原则之一。合作开发活动本身就是相关国家友好合作的产物,争议区域涉及的国家之间友好合作的努力是合作开发活动的基础。合作开发中,合作原则所要求的善意谈判、协商、交换信息义务,以及单方面开发活动的禁止义务为合作开发的顺利进行提供了保障。我国与南海周边邻国之间,首先应当建立起合作的基本精神,如果敏感领域的事务暂时无法进行合作,可以从非敏感领域开始,先易后难,当形成两国间合作的传统精神和习惯时,再进行敏感领域,比如在争议区域进行石油资源的合作开发等就不再有情绪上的抵触和怀疑。其次,合作的原动力是利益的吸引,我国在与南海周边邻国进行合作开发争议区域石油资源的谈判时,应当让对方明确知悉合作开发对双方,尤其是对对方的利益所在,只有现实的获利可能性,才可能将对方吸引到合作开发当中来。再次,在合作开发协议以及联合经营合同中,都应当对双方的善意谈判、协商、交换信息等义务进行明确的约定,赋予双方合作的法律义务。最后,应当在合同中明确规定单方面开发活动的禁止义务,以预防与合作原则相悖的事件的发生。

(3) 和平解决争端原则

和平解决国际争端,是一项国际法的基本原则。任何国际争端,不论是政治的、经济的,还是法律的或事实的,久拖不决或者通过暴力的方式解决都可能引发冲突甚至战争。国际争端只有通过和平的方法加以解决,才能促进国际和平与安全,促进世界经济的健康发展。《联合国宪章》规定的和平解决争端的方法包括谈判、调查、调停、和解、斡旋、仲裁、司法解决、利用区域机构和区域协定等。合作开发活动中的争端的解决,可以根据具体情况选择一种或几种争端解决方式。合作开发协定一般会明确规定合作开发争端的解决程序,对合作开发中的不当行为起到一定的预防作用,同时为争端的和平解决提供了依据。和平解决合作开发中出现的争端,既可以缓和国家在敏感的争议区域和石油资源问题上的对立,也可以维持和促进良好的合作开发氛围,保障合作开发的顺利进行。综观合作开发的国际实践,在油气资源合作开发有关的争端解决机制中,解决争端的基本方法主要分为两大类。一类是以谈判、协商、斡旋、调停等为主的非法律手段;另一类是法律手段,包括最常见的诉讼、仲裁,以及条约自身所规定的准司法性质的争端解决方式。

我国与南海周边邻国的合作开发过程中,首先要重视双边争端解决方法的作用。因为经过谈判、协商,主动交换意见,双方能够更好地了解核心问题所在、可能的解决途径以及各自的立场、底线和利益坚持等,有利于各方权衡利弊,在自己可以接受的范围内做出让步或妥协，加快争端的解决。同时，友好地解决争端还为争端各方维系了一种良好的关系氛围，保证了今后交往的顺利进行。其次，要重视仲裁在解决合作开发争端中的作用。仲裁是由争议双方都同意的第三方居中审理，基于法律的基本规定，做出对争端当事各方都有约束力的裁决。在具体程序和法律适用上，仲裁比诉讼更为灵活，在各方同意的基础上，还可依公允善良原则对争端做出裁决。仲裁裁决，尤其是商事裁决，在国际社会的承认与执行具有较广泛的条约基础，保证了争端的有效解决。因此，仲裁程序在争端解决机制中占有重要地位，甚至被认为是解决外交手段未能解决的争端最有效和最公正的方法。因此，我国在与南海周边邻国的合作开发过程中，要坚持和平解决争端的基本原则，要充分利用双边解决方法和仲裁的作用。

（4）可持续发展原则

在合作开发过程中坚持可持续发展原则，是指相关国家在进行合作开发时，既要有效利用争议区域的油气资源，满足其在该区域的资源利益和需求，又要最大限度地减少开发对环境的影响，杜绝因开发造成的对地质结构的根本性破坏，保障争议区域的可持续发展。在争议区域石油资源合作开发过程中坚持可持续发展原则，首先体现在对海洋环境的保护方面。合作开发的各国应在污染防治和海洋生态系统的保护上加强合作。在合作开发的许多案例中，合作开发协定都对污染防治和海洋环境保护做出规定，如《日韩合作开发协定》第20条规定，"缔约国应在防止海上冲突，防止勘探和开发合作开发区内自然资源有关的行为造成的污染海洋环境的措施达成一致"，以及2001年澳大利亚和东帝汶的合作开发备忘录中，将海洋保护的范围从防污扩大到海洋生态系统的保护。在争议区域油气资源合作开发过程中坚持可持续发展的原则，还要尽可能地规范开发率。由于油气资源是不可再生资源，不能实现循环重复利用，需要通过油气资源开发配额制等方式限制其开发率，避免过度开发造成环境的破坏。同时，南海油气资源开发应设立保护区。根据《海洋法公约》第192条："各国有保护和保全海洋环境的义务。"例如可以在三沙市我国管辖的海域内设立保护区，保护海洋环境，彰显主权。

4.2 我国油气资源合作开发制度实践梳理

4.2.1 中日两国在东海的合作开发制度实践借鉴

早在 20 世纪 70 年代末邓小平同志就提出用"搁置争议，共同开发"方针来解决中日关于钓鱼岛领土主权和东海大陆架划界争端。1978 年 8 月，时任日本外相园田建议中日合作开发钓鱼岛周围海域。1979 年 7 月 11 日，日本政府建议在钓鱼岛附近海域同中国建立"合作开发区域，进行开发"。园田外相随后还提出了合作开发的具体方位，即在钓鱼岛领海基线 12 海里以外海域，但不涉及中国台湾及其管辖的海域。但后来日本出尔反尔，推翻了合作开发建议，不承认钓鱼岛的主权问题存在争议，也不同意在钓鱼岛附近划定合作开发区域。1980 年以后，以民间交往的名义，日本石油公司、石油资源开发公司曾经同中国海洋石油总公司等商讨过合作开发问题。中国海洋石油总公司还曾与日本石油公司签约，准备合作开发东海油气资源，但由于当时日本政府频繁更替，该公司在政局不稳的情况下解散，合作开发一事随之化为乌有。2004 年，中日两国建立东海问题司长级磋商机制，双方一共举行了 11 次东海问题磋商、1 次技术专家会议，期望解决有关油气勘探开发方面的纠纷。2007 年底，双方同意在保持司长级磋商的同时，再进行副部级磋商。中方在第二轮磋商期间，率先提出了建立合作开发区的建议；日方在第三轮磋商中支持合作开发原则；中方在第四轮磋商中进一步提出了合作开发的具体方案，建议在东海北部的大陆架争议区以及在钓鱼岛周边海域划定合作开发区。而日方则提出在所谓的"东海中间线"东西两侧"更广阔海域"建立合作开发区，这一提议实际上把我国的包括春晓天然气田在内的四个天然气田都纳入其中，所以日方这一建议理所当然地遭到了我方的坚决反对。

经过 4 年的多层次商谈，在 2008 年 6 月两国政府达成了以下三项原则共识：①要使东海成为和平、合作、友好之海；②在不损害各自法律立场的情况下，在东海选择一个区块进行合作开发；③日本企业按照中国法律，即《中华人民共和国对外合作开采海洋石油资源条例》，参加春晓油气田的合作开发。

从实质内容上看，中日东海共识为两国的海洋资源开发提供了两种不同的合作机制：一种是在双方确定的具有争议性的海域上进行合作开发；另一种是日本企业参与中国（如春晓）油气田的合作开发。就第一种机制而言，它实际上是我国一贯倡导的"搁置争议，共同开发"原则的具体实践，中日两国政府可以通过协商选定两方均能接受的区域实施合作开发，而双方有关东海划界及钓鱼岛的原则立场都不会受到影响。在合作开发区内，不是依照哪一国的法律，而是根据中日两国政府协商制定的条约和规章来进行开发。就第二种机制而言，它与第一种机制是有所区别的。春晓油气田的主权权利属于中国，中国企业根据中国法律吸收日本企业投资参与春晓油气田的开发，这是属于狭义合作开发，而这种合作开发必须依照中国的法律法规来进行，与中日两国就解决东海及钓鱼岛问题所提出的合作开发并不相同。遗憾的是春晓油气资源合作开发的两种机制实质已搁浅，日本担心他们境内的油气资源通过矿脉发生吸管效应流向中国，指责中方违反《海洋法公约》第56条"沿海国在专属经济区内行使其权利和义务时，应适当顾及其他国家的权利和义务"，百般阻挠合作开发，致使中国方面损失高达1000亿元左右。

4.2.2 中国与南海周边国家合作开发实践回顾

相比中日东海争议海区的确定，南海的形势复杂得多。"南中国海"海域辽阔，地质构造复杂，海底地貌类型多样。我国与南海周边国家基本依据《海洋法公约》来确定自己的海洋权益，但由于国际法本身对于划界原则的规定存在多种说法，加上对中国南海"九段线"的法律地位认知不清晰，就加剧了争议海域确定的难度。南海相关的六国七方甚至对各自权利要求的重叠区域以及相应的权利主张依据都无法表述清楚。如马来西亚就以大陆架为依据对南海岛礁提出主权要求，而按照《海洋法公约》规定，沿海国对大陆架的权利是勘探和开发其海床和底土的自然资源，而非拥有大陆架内岛礁的主权。在这样的基础上恐怕很难确定合作开发区域了。在南海，合作开发的第一步应该是梳理我国自身对南海各个区域的定位，把我国的权利主张和相关依据完整地呈现在世界面前，针对有关国家对我方主权或主权性权利的侵犯按照不同情况区分对待。只有这样，"搁置争议，共同开发"才能被真正落实下来。

(1) 中国与菲律宾合作开发制度实践回顾

中国与菲律宾之间就合作开发有过较多的接触和会谈。1995年6月，菲外长西亚松在马尼拉称：菲中两国已就南沙群岛开展多边商业活动的可行性计划达成一致，菲驻华大使已提交了可能在南沙群岛实施开发的项目清单。同年8月，中菲就南沙问题进行磋商，中国提出了合作开发的具体建议。2002年初，中菲双方在马尼拉举行会谈，会上菲官员向中方明确表达了合作开发南海的愿望。2003年3月，菲外交部正式向中国外交部致函，正式就合作开发南海事宜提出建议。同年11月10日，中国海洋石油总公司和菲国家石油公司在马尼拉签署了有关合作开发南海油气资源的意向，协议面积达16万余平方千米。双方签署的意向书，并不是严格意义上的合作开发，首先它不是政府间的协议，性质上是民间企业的合作，意向书主要规定了物探、地震等作业，相当于科学调查活动。这是开启了双方合作开发的先河。

2004年9月，中国与菲律宾达成双边协议，在有领土争议的南沙群岛海域合作勘探石油资源。2005年3月14日，经过数轮磋商，中国海洋石油总公司、越南油气总公司和菲律宾国家石油公司，在马尼拉签订了《在南中国海协议区三方联合海洋地震工作协议》。此次由三国的石油公司签署的协议，尽管不具备合作开发协议所具有的国际条约的特点，但三方都认为，这次联合勘探有助于建立信任机制、促进多边合作，能够探索出一条和平解决南海争议的途径，为这一问题的最终解决奠定了基础。这是三方第一次就合作开发南海资源达成共识，被认为是朝着"搁置争议、共同开发"迈出的历史性和实质性的一步。但随着南海局势的紧张复杂，该协议一直没有推进。2012年4月，菲律宾政府曾挑起黄岩岛对峙事件，成为近年来南海争端中最接近危机的摩擦事件。

2013年菲律宾单方提起南海海洋管辖权的强制仲裁。2016年7月12日，菲律宾南海仲裁案仲裁庭做出了无效的所谓最终裁决，单方面否认了中国自古以来拥有"九段线"的历史性权利。中国郑重声明，该裁决是无效的，没有约束力，中国不接受、不承认、不执行。非法南海仲裁案结果出炉后，中国一直秉持"保卫主权、和平发展"的基本理念积极与当事国进行谈判合作。通过2017年的中国－东盟外长会议以及菲律宾总统杜特尔特对华立场的温和转变，南海局势趋稳，表明南海仲裁案已经成为历史。2017年11月16日，中菲两国发表声明，双方认为海上争议问题不是中菲关系的全部，愿意探讨海洋油气勘探开发的合作方式。同时这也表明，中国"搁置争议，共同开发"的发展理念是得到国际上相关国家的认可和支持的，也是一条正确、可行的发展道路。

(2) 中国与越南的合作开发制度实践回顾

中国和越南就合作开发南海问题多次交换意见。自1993年首轮中国越南政府级边界谈判开始以来，中方曾多次表示在南沙海域与越方进行"搁置争议，共同开发"，并提出可将当时争议激烈的万安滩盆地作为合作开发的第一个区域，相互参加对方在万安滩与外国公司签订的石油合同。1994年5月，中海油发言人就万安滩合同发表谈话指出：中国政府在南海问题上主张"搁置争议，共同开发"，中海油欢迎有关公司包括越南石油公司的合作，并探讨合作开发的可能性。但越南认为中国与美国签订万安滩合同侵犯了其大陆架权利，无意接受中国的倡议。1995 年 11 月，在河内举行了中越海上问题专家小组第一轮会议。中方专家组组长许光建在重申了我国对南沙的领土主权后指出：中国愿意根据公认的国际法，包括现代海洋法和《海洋法公约》所确立的法律原则和制度，通过双边谈判和协商，妥善解决南沙争议问题；一时解决不了，可暂时搁置争议，寻求包括合作开发在内的各种形式的合作。2000 年 12 月，中越两国在北京正式签署了中越《关于在北部湾临海、专属经济区和大陆架的划界协定》和中越《北部湾渔业合作协定》。2005 年《中越联合声明》提出，"双方同意尽早开始湾口外海域的划界谈判并商谈该海域的共同开发问题"，现已开始商谈。2011 年，中越又签署《指导海上问题原则协议》，但两国"海上问题"并未因协议签订而"降温"。2017 年 6 月越南在南海九段线内的万安滩附近，也就是越南划定的 136 – 03 区块强行进行油气开采前的勘探工作，中国在万安滩附近海域出动了军舰、海警船和数架运输机，提前阻止越南的钻探行动。这是继 2014 年在西沙中建岛发生的中海油 981 号对峙事件以来，最严重的一起军事对峙事件。

(3) 中国与印尼开展的合作开发制度实践回顾

中国与印度尼西亚自 1990 年恢复外交关系以来，两国双边关系发展迅速。特别是印度尼西亚政府自 21 世纪以来，一直加强与中国的联系，佐科政府曾提出"全球海洋支点计划"与中国的"一带一路"积极对接，共同维护南海的安全稳定，携手打造"海洋发展伙伴"。2000 年 5 月 8 日，中国和印度尼西亚发表联合声明，双方同意在许多重要领域进行合作，其中包括矿产和渔业。中国与南海周边国家先后在印度尼西亚处理南海潜在冲突研讨会的框架下举行了数次有关合作开发问题的专家级会议。1991 年在万隆会议上，与会者达成共识，一致认为应该将合作开发作为一种和平解决南海争端的方法。其中的"资源评估及开发途径"工作小组认为应就生物资源、碳氢化合物及其他非生物资源进行合作与开发。尽管中国与印尼没有领土纠纷，但在海域划界方面存在着主张重叠区域。

4.2.3　中国在南海合作开发制度实践的效果评价

30 年来，中国一直致力于采取积极的步骤，在南海的争端中落实合作开发的理念。2002 年 11 月，中国与东盟签署《南海各方行为宣言》；2004 年 9 月，中国海洋石油公司与菲律宾石油公司签订协议，联合对中国南海选定区域的石油资源进行勘探；2005年，中国、菲律宾和越南的石油公司签署了《在南中国海协议区三方联合海洋地震工作协议》。需要指出的是，这些成果距离合作开发的真正实施和具体落实，还有较大的距离。

第一，《南海各方行为宣言》（简称《宣言》）是中国通过多边机制解决或者缓解南海争端的积极尝试。虽然中国在《宣言》的谈判和签订过程中表现出了极大的诚意并对促进中方所倡导的"搁置争议，共同开发"寄予厚望，但《宣言》签署之后的现实发展却是令人遗憾的。《宣言》并未取得预期的效果，中国在《宣言》中所释放出的善意并没有得到有关国家的积极回应。"保持自我克制，不采取使争议复杂化扩大化和影响和平与稳定的行动"的各方承诺基本上是一纸空文，而有关各方在《宣言》签订之后的所作所为，更是与上述承诺大相径庭。若想借助《宣言》达到真正促进和落实合作开发政策的效果，还有很多事情要做。

第二，就中、菲、越三国石油公司之间的协议而言，其法律性质不过是具有涉外因素的经济合同，无法与合作开发所要求的国家间协议相提并论。正如有学者所指出的，以国家间的协定为基础乃是合作开发协定的最基本特征，合作开发毕竟是一种国际法上的安排，不是私法上的合同可以决定的。跨国公司之间的私法合同，充其量只能间接地反映有关国家的合作意愿和设想，而无法直接体现有关国家"搁置争议，共同开发"的态度，更无法为相关争议海域的定纷止争、求同存异、友好合作提供较为可靠的法律依据。因此，中、菲、越三国石油公司之间的协议，并不具有确定相关争议海域的合作开发制度的效力，相反前者距离后者的要求还颇为遥远。当然，中国政府可以尝试将这些协议作为一个起点，促使有关国家深入谈判并力争达成合作开发协议。

第三，就实际效果来看，自倡议"搁置争议，共同开发"以来，中国基本恪守这一原则。特别是在与相关邻国交往过程中，中国从未主动挑起南海争端，至今未在争端焦点的南海群岛划定领海基线。中国在践行搁置争议时，更实质的内容是容忍克制，即中国虽从未放弃过对南海诸岛的主权宣示，但20世纪90年代对于南海的岛礁被占和资源被掠从来没有进行过有限的自卫。越南1975年4月14日起开始出兵占领南沙群岛中的岛屿，到1998年6月连续占据29个之多，也就是说，所谓"搁置争议"的倡议对南海某些周边国家来说，没有实际影响。

菲律宾在20世纪80年代和90年代，分别占据了南沙的司令礁和仁爱礁，到目前为止，共占据南沙群岛岛礁9个。马来西亚从1983年起，武装占据的南海群岛的5个岛礁：弹丸礁、光星仔礁、南海礁、榆亚暗沙、簸箕礁。中国大陆自1988年3月后，陆续在南沙群岛上控制了7个岛礁。从理论的角度来看，尽管"搁置争议，共同开发"的政策颇为契合中国所倡导的"和谐"理念，但这一理念被其他国家，尤其是与中国有海洋争议的周边国家正确理解和接受并落实到国际实践中尚待时日。从实践的角度来看，尽管中国政府无论在东海还是南海都积极倡导"搁置争议，共同开发"，并曾经取得了一些进展，从而使得这一政策不再仅仅停留在口头上，但毋庸置疑的是，这一政策迄今尚未被落实到具体的法律文件中，该政策的实效尚无从显现。与中国没有领土纠纷的印度尼西亚在2017年将南海改称为"北纳土纳海"，目的在于明确纳土纳群岛附近海域的石油开采，而不承认中国的"九段线"主张。

综上可以看出，中国在南海长期倡导的合作开发基本上没有取得实际效果，我国的努力也基本停留在政治层面上。国际法层面上合作开发的谈判遥遥无期，这与我国在法律准备与制度建设上存在着重大缺陷有关，具体可以体现在以下方面：

（1）我国南海合作开发实践中存在的法律制度问题

与争议国家实施合作开发，是我国和平发展的战略性选择。在推动合作开发的同时，我们也应清醒地看到，我国与周边国家还没有实现真正意义上的合作开发，合作开发既有机遇，也面临着严峻挑战，其中非常重要的一个环节，就是在合作开发中许多法律问题需要研究解决。

①国际法规的缺陷严重影响合作开发。以《海洋法公约》（以下简称《公约》）为核心的一系列涉海国际公约、条约、区域性条约、双边和多边协议等均力图在世界海洋发展中建立一种法律秩序。《公约》总体来说，是积极的、进步的，反映了大多数发展中国家的愿望，对维护各国海洋权益、促进海域资源开发提供了法律保障。但是，由于时代的局限性，《公约》中也存在着许多问题。某些缺陷会引发新的矛盾和争执，在很多方面使问题更加复杂化。

②专属经济区、大陆架划界规则模棱两可。关于国家之间的专属经济区、大陆架的界限问题，《公约》指出应在"国际法的基础上协议划定，以便得到公平解决"。很明显，这是"公平原则"和"中间线原则"调和的结果，"公平解决"的标准是什么并未言明，致使不同国家按自己的需要做出自己的理解选择，给分歧和争论披上了合法的外衣。《公约》第76条第1款对大陆架作了如下定义："沿海国的大陆架包括其领海以外依其陆地领土的全部自然延伸，扩展到大陆边缘的海底区域的海床和底土，如果从测算领海宽度的基线量起到大陆边的外缘的距离不到200海里，则扩展到200海里的距离。"关于大陆架的外部界限，《公

约》第 76 条第 5 款规定:"不应超过从测算领海宽度的基线量起 350 海里, 或不应超过连接 2500 公尺深度各点的 2500 公尺等深线 100 海里。"可见, 从不同层面、不同条款中理解《公约》, 可得到不同尺度的大陆架边界。

  中日在海洋划界上的争执就是自然延伸与中间线两种原则的碰撞, 尽管日方的中间线有失国际法的公平精神, 但从法理上谁也没有说服对方。正如美国学者查理指出的:《公约》的生效对于海洋划界的争端解决起到非常有限的作用。在相邻或相向国家间的专属经济区和大陆架的划界问题上,《公约》采取的是完全不同的标准, 这种内在矛盾就可能造成一国的大陆架在另一国专属经济区的里面这一复杂局面。东盟有关国家正是根据该公约中沿海 200 海里专属经济区的法规条款来为其占有南沙群岛辩护的。在南海专属经济区及大陆架划界上, 我国坚持公平原则标准, 东盟国家多持 200 海里的法规条款, 我国的大陆架(专属经济区)范围与相邻国家的专属经济区(大陆架)范围出现了交错、重叠。由此可见,《公约》增加了调和争执的难度。

  ③岛屿与岩礁的规则含糊不清。《公约》第 121 条 (2)、(3) 款规定,"应按照本公约适用于其他陆地领土的规定"确定岛屿, 而且岛屿可以拥有属于自己的领海、毗连区、专属经济区和大陆架。但"不能维持人类居住或其本身的经济生活的岩礁, 不应有专属经济区或大陆架", 这样岩礁和岛屿的区别似乎很清楚了。

  然而, 无论是理论上的分析还是在实际应用中都会发现,《公约》第 121 条的规定并不清楚。其一, 根据《公约》第 121 条 (1) 款, "岛屿是四面环水并在高潮时高于水面的自然形成的陆地区域"。即, 在高潮时露出水面是岛屿的最典型特征。但是, 我们知道一年四季的潮位是变化的, 高潮时水面所达到的高度也不尽相同,《公约》并未明确岛屿是哪一种高潮时露出水面的陆地。其二,《公约》并未给"岩礁"下一个科学的定义, 使用面积标准划分是岛屿或是岩礁是行不通的。其三, 所谓"人类居住"和"本身的经济生活", 其内涵也不清楚。"人类居住"是指可以维持人类长期居住还是短期居住, 还是一定有人类居住? 曾经有过人类居住现在又被人类放弃, 或者原来荒无人烟后来又有人暂驻的岩礁应如何对待? 何谓"经济生活"? 是指岩礁的生物资源还是非生物资源, 岩礁周围海域中的自然资源是否属于"本身的经济生活"? 这种岛屿与岩礁规则的模糊不清, 客观上增加了南沙群岛争端的无序性。

  ④历史性所有权规定笼统。历史性权利, 亦称历史性所有权, 指不是根据国际法一般规则正常地归于一国, 而是该国通过历史的积累和巩固过程而获得的对一定地域或海域拥有的权利。有的可相当于完全的领土主权, 如对历史性海湾的

权利；有的则是达不到主权程度的某种权利，如通过权（如领海无害通过、陆地过境）、特别捕鱼权（如沿海捕鱼）、划定海域边界方式的特殊权利（如领海基线）等。属于一种针对别国或针对整个国际社会而建立的具有特定性质的习惯性权利。其构成要素是：有效占有，即占有必须持续、公开，且是国家主权行为；其他国家默许；相当长一段时间的流逝对形成历史性权利也是必要的。在对某项历史性权利发生争执时，举证责任通常落在提起争议或诉讼的一方。如所涉及的权利具有例外性质和违背习惯国际法一般原则，则由主张权利方提出支持其主张的事实。《公约》对各国的历史性权益作了许多说明。如第 15 条关于海岸相向或相邻国家间领海界限的划定条款中指出"如因历史性所有权或其他特殊情况而有必要按照与上述规定不同的方法划定两国领海的界限，则不适用上述规定"。但是《公约》对这些内容的解说力度不够，在具体问题上起不到保护相关国家历史性权益的作用，导致一些国家有意忽略"历史性所有权"问题。在南沙群岛海域的争夺中，东盟有关国家正是无视我国对此海域的历史性所有权，以 200 海里专属经济区为由占领岛屿、攫取油气资源。《公约》这种局限给我国解决南沙群岛海域的争端带来了难度，在一定程度上也有损《公约》应体现的公平精神。

⑤司法裁判程序上的困惑。《公约》规定，在适用公约过程中引发的争议，缔约国可通过谈判或调解程序解决。除此之外，缔约国也可通过国际海洋法法庭、国际法院、仲裁法庭、特别仲裁法庭解决。这些多样性的司法裁判程序都具有强制性的权威。但由于某些机构中西方的成员占多数，他们的观点、意志往往过多地反映自身利益，与我国坚持的平等公允的原则立场不尽一致，甚至有时使我们处于被动的局势中。

如何发挥《公约》的积极作用，使《公约》有效保护我国的合法权益，同时避免《公约》对我国的不利影响，这是我们解决南海问题必须考虑的。我国对海洋法规的研究起步较晚，缺乏对其具体条款、内容的深入探索和分析。我们要加强对《公约》的研究与应用，从法理上找出有利的法律对策，力求在实施过程中用好其法律制度，最大限度地受益于《公约》所赋予我国的海洋权益。

(2) 对合作开发的法律特性认识不足

第一，对于合作开发的法律概念的理解不到位，包括合作开发的内涵、法理基础、法律特征的理解都有一定的局限性，即仅仅把合作开发当作一种解决问题的权宜之计，没有看到它具有上升为习惯国际法的趋势，表现在合作开发的思想上不统一、不坚决。

第二，对合作开发思想的经济核心理解不到位。以《公约》的颁布实施为标志，世界已经进入了开采海洋矿藏的新时代，海底矿藏是最大的能源，它会带来巨大的经济利益。我国的海域辽阔，油气资源十分丰富，但遗憾的是开发很少，其中海上石油开采量仅为诸邻在南海开采量的 1/40。正是本着最大化利用海域资源，以求得经济利益最大化的目标，我国才实行对争议海域合作开发的战略决策。

第三，对实施合作开发制度的途径理解不到位。实施合作开发的途径是和平协商，而不是动武，这是《公约》所赋予的可行途径。采用和平方式解决争议，可以有三种选择：国际法院裁决，联合国划界委员会裁定，各方直接协商达成一致。法院裁决需要各方同意，中国曾在给联合国的声明中明确表示，在海洋与领土争端中不接受国际司法与仲裁的管辖。联合国划界委员会主要是起协调人的作用，很难强行给出裁定。因此，最可行的途径是各方协商。同时我们也应看到，争议各方也都有防止发生军事摩擦的愿望。值得注意的是，尽管东海、南沙群岛海域争议只是局部问题，但国际和国内政治因素的干扰，有可能影响我国合作开发的顺利推进。

（3）合作开发的制度建设欠缺

与《公约》相适应，我国也先后制定了十几部涉海法律法规以及部门规章，如《海洋环境保护法》《海上交通安全法》《中华人民共和国领海及毗连区法》《中华人民共和国专属经济区和大陆架法》等，这些法律法规对我国实现依法治海、依法保护海洋环境资源和维护海洋权益发挥了一定的作用。但是这些法规也存在一些问题，如：海洋环境保护法律、法规之间存在法律适用多样，不统一，不利于执法，也影响了法律的严肃性；涉及的部门较多，彼此之间的职责和权限不够分明；行政机关的权限超出行政执法允许范围；污染受害方的主体不明确；法律责任规定不一致，处罚标准不统一，处罚力度过小，海洋行政处罚程序规定不完善等问题。因此，这些相关法规需要不断完善、改进，使其与国际法更好地接轨，提高其前瞻性和可操作性。另外，还应该按照《公约》规定完成其配套法规的建设。如参加国际海底矿产资源开发管理的制度、公海生物资源利用与养护的制度等。我们应当充分认识到，合作开发是我国解决海域资源争端的战略决策。然而直到今天，我们还缺少比较完善的合作开发制度设计，这也在很大程度上影响并制约着我国合作开发战略的实施。合作开发必须在国家间的协议下才能有序有效进行，即油气资源的勘探、生产、销售、利润分配全过程都需要制度保障，因此，合作开发的实施是与制度建设息息相关的。作为积极倡导并全力推动合作开发战略的国家，一部完善的合作开发制度设计，一方面可以向周边国家彰显我国实施合作开发的诚意，另一方面可以为合作开发协议的制订奠定法律基础。因此，紧密联系南沙群岛海域实际，从宏观到微观上深入研究合作开发协议架构，进而完善合作开发协议设计思路。

4.3　南海油气资源合作开发主体制度选择

4.3.1　南海油气资源合作开发管理制度选择

（1）合作开发管理模式的分类及选择

南海争议海域油气资源合作开发的管理模式可以借鉴上述合作开发海域的成功案例。

①联合经营模式。联合经营模式，即双方政府授权各自的租让权人进入合作开发区，要求双方租让权人订立合作经营协议，以合资机构的形式对合作开发区内的资源进行勘探开发。在这种方式中，国家保留对租让权人颁发许可证和进行宏观管理的权利，租让权人享有排他的勘探开发权，并负责具体经营活动。

马来西亚和越南就使用"联合经营模式"对泰国湾争议海域进行合作开发。马来西亚和越南同意分别指定马来西亚国家石油公司和越南国家石油公司在指定海域实施"合作开发"。上述两家公司建立一个协调委员会。委员会有8名成员，两家石油公司各指派4名，他们拥有平等的权利，委员会的主席每两年在双方成员之间轮换一次。这一模式对合作开发的管理具有较大的灵活性。协调委员会由两国国家石油公司指派，而不是直接由政府指派，在合作开发中产生的任何争议和矛盾直接由两国国家石油公司在协调委员会指导下协商解决。协调委员会提出的任何解决争端的办法和决定都必须本着友好、谨慎的原则，并符合现代国际石油工业的实践。协调委员会无法解决的争端将被提交给马越两国政府解决。两国政府并不直接干涉商业开采方面的事宜。

②超国家管理模式。超国家管理模式是指两国政府委派对等数目的代表组成超国家的管理机构，并同意将本国对合作开发区的管辖权转让给该机构，由该机构全权负责包括招标、颁发许可证在内的合作开发区的全部管理工作。超国家管

理机构运作的经费以及所获得的全部税收和利润,由两国政府平等分配和分享①。

现实中,马来西亚和泰国就运用"超国家管理模式"合作开发泰国湾争议海域,马来西亚和泰国位于南海西侧,泰国湾约7250平方千米的海域存在争议。1979年马泰两国签署《谅解备忘录》决定建立一个马泰联合管理署,联合管理署设两名主席,两国分别指派1名,并派出相等数量的其他人员,该机构代表两国政府承担勘探和开发海床和底土的非生物资源的全部权利和责任,拥有特许权发放和管理的权力,并有权授予经营人在特定区域的经营权,确定经营人对资源拥有的所有权份额。《谅解备忘录》还规定联合管理署在合作开发中产生的任何费用和获得的收益均由双方平摊和平分。《马泰谅解备忘录》的有效期是50年。根据这一管理模式,马泰两国在该争议地区的合作开发是比较成功的。

③代理制模式。代理制模式是指签约双方中的一方代理另一方,实施或全面管理整个争议区域的资源开发活动,并将本国的授予许可证和管理机制适用于该区域。该方的义务就是根据合作开发协定的规定将收益按一定的比例,如50:50,分给另一方,另一方同时也有权利对开发经营活动进行监督,提出建议。

代理制模式在合作开发的实践中并不多见,这一模式一般仅适用于两国有着长期睦邻友好关系,合作开发区的区块比较小而建立复杂管理机制会造成不合理费用开支的区域。早期的合作开发案中多采用这个模式,如1958年沙特阿拉伯与巴林的合作开发协定,1969年卡塔尔和阿布扎比合作开发协定等。

④南海油气资源合作开发的管理模式选择。对于南海合作开发管理模式的选择,中国应积极争取以一国代理模式来进行构建未来的南海合作开发制度。与其他两种模式相比,一国代理模式有着如下优点:第一是简易性,一国代理模式的构建比较简单,只需要争端当事国达成一致意见,由其中一方作为全权代理开发即可;第二是高效性,代理国完全可以利用其自己的管理机制直接适用于合作开发区,这样就避免了两国为了建立新的管理制度而进行的复杂谈判,既可以节省开发成本,又能使开发不致因建立新制度而受到延迟;第三是灵活性,虽然代理国完全负责合作开发区内的一切事务,但就其具体制度的选择来说,并不意味着代理国只能使用自己的管理机制和自己的油气开发制度,代理国完全可以利用两国之中更为合适的石油开发制度作为开发区内的现实选择。一国代理模式可以保证中国在南海海域合作开发中的主导地位,有利于中国利用自身先进的管理经验增加合作开发的效率,这对其他合作开发的合作国也是有利的。中国应充分坚持自己的主张和展现自己的管理优势,在和其他国家进行合作开发中优先选择一国

---

① 萧建国. 国际海洋边界石油的合作开发. 北京:海洋出版社,2006:124.

代理模式。

但是鉴于一国代理模式也存在一些缺点，例如：管理国可能会以另一国的"老大哥"的姿态出现，管理国对合作开发区的强势主导可能使另一国产生忧虑情绪，担心管理国或许会通过其国家石油公司增加行政开支而多占超过平等份额的收益。所以，要想在南海争端中说服其他国家选择中国为代理国进行合作开发也存在不小困难。如果一国代理模式确实不能被合作国所认可，那么中国也可以根据具体情况选择适用超国家机构模式和强制合资模式。在这两者之中，超国家机构模式可以作为优先选择。这种开发模式由于两国以平等份额方式分享开发所得的利益，而非按实际划定区域分享合作开发的利益，其结果是两国在国家收益分享方面更具确定性，国家从合作开发区所获收益在谈判协定时就可以准确地预见。同时，该模式中只有一个超国家的联合机构，也只有一份工作计划和一份预算需要核准，在合作开发区内适用一套新制定的合作法律制度，这些安排都可以极大减少行政开支，并提高了工作效益，使区域的合作开发工作能迅速进行。从中国利益的角度来讲，中国也可以利用自己的影响力在新成立的超国家机构中占有更多的话语权和决策权，在维护中国利益的同时，也更利于合作开发本身。

如果在南海合作开发制度的谈判中，对方强烈坚持选择强制合资模式，那么中国也可以同意对方的选择。毕竟强制合资模式中，每一分区经营者的勘探开发经营活动仅适用其授权国的法律，这种法律适用方式具有既简单易行又有公平合理的优点，有利于双方互信的建立。需要注意的是，中国在选择强制合资开发模式时，要对授权的租让人进行慎重选择，因为双方选择了租让权人后，租让权人还要签订合作经营协定，而在签订协定的过程中，租让权人的管理水平和技术水平将对协定的实质内容产生很大的影响，进而影响到授权国对租让权人的税金收取。所以，中国在根据自己的法律选择租让权人时，应对投标的准租让权人进行综合的比较，做出最优的选择，以便能在合作开发中更好地维护自己的利益。总之，在南海争议区域合作开发油气资源，采取何种管理模式，要根据公平原则，权衡利弊，综合考量，以便充分保证我方利益。

（2）合作开发机构的分类及选择

为有效执行合作开发协定，合作开发有关国家一般都会建立一个联合管理机构对合作开发活动进行协调、管理和监督。这种合作开发机构往往被冠以联合管理局（署）或联合委员会等称谓，由参与合作开发的各国派人组成，负责合作开发区内的日常经营、管理、协调或提供咨询等，具体的职能和权力由相关国家在合作开发协定中规定。总的来说，合作开发机构的性质和职能与合作开发模式密切相关，不同的管理模式决定了该合作开发机构的性质和职能。

①联合经营管理模式下的合作开发机构。联合经营模式下，合作开发双方政府授权的石油公司均进入合作开发区，其相互间通过订立联合经营合同对合作开发区内的石油资源进行勘探开发。在联合经营管理模式下，合作开发双方政府也会派出人数相等的官员组成联合管理委员会，由其对合作开发活动进行审查、监督及咨询等。联合经营管理模式下，合作开发的核心问题是许可证颁发，这一实质性权力是由参与合作开发的国家拥有，具体的经营管理工作则是由作为租让权人的石油公司全面负责。如此一来，合作开发机构既没有颁发许可证的权力，也没有签订或执行协议的权力，只能依职权对合作开发活动的有关问题进行协调或咨询。因此，联合经营管理模式下的合作开发机构的权限是非常有限的。

②超国家管理模式下的合作开发机构。超国家管理模式下的合作开发机构拥有广泛的权力，具有独立的法人资格，可以作为一个经营实体直接参与合作开发活动。超国家管理模式下的合作开发机构代表合作开发的两国政府承担勘探开发石油资源的全部权利和责任，它拥有特许权发放和管理的权力。该模式下的合作开发机构负责资源开发的招标工作，并有权决定最后中标的石油公司。该模式下的合作开发机构有权授予经营人在特定区域的经营权，并有权确定经营人对资源及其利润拥有的所有权份额。总之，超国家管理模式下的合作开发机构握有合作开发的实权，合作开发的相关国家仅对经营活动中危害国家主权或污染等事件进行管辖。

③代理制模式下的合作开发机构。代理制模式进行的合作开发比较少，一般是由于特殊原因而采用，或在合作开发区的部分区域内采用。例如，澳大利亚与印尼的合作开发案中，两国对 B、C 区的开发即采用了代理制模式，而 A 区则采用了类似超国家管理的模式。又如，越南和马来西亚的合作开发，一开始采用了联合经营模式，后因技术和经济等原因，越南国家石油公司将其负责的勘探开发活动全部交给马来西亚国家石油公司，实质上变成了代理制模式的合作开发。

代理制模式下，合作开发机构是否设立的意义已经不再重要了，因为实际进行勘探开发活动的仅为一个国家，法律适用也仅涉及一国，即便在此模式下设立合作开发机构，其职能也与联合经营管理模式下的合作开发机构一样，没有实质性的权力，仅负责协调和一些咨询而已。

④南海油气资源合作开发机构的选择。从以上三种管理模式出发可以产生两种基本的机构类型。超国家模式下的机构类型是法人型机构，而联合经营模式和代理制模式下的机构类型为咨询性机构。法人机构型的联合委员会有权代表各当事国颁发勘探开发自然资源许可证，规定勘探开发的条件以及同第三方公司缔结

合同。《泰马谅解备忘录》《苏丹－沙特阿拉伯合作开发协定》《澳大利亚－印度尼西亚合作开发协定》都属这一类型。咨询机构型的联合委员会发挥有限的一般监管职能，其作用基本上只是协商和咨询，它本身不具有颁发许可证或执行的权力。如《科威特－沙特阿拉伯合作开发协定》《日本－韩国合作开发协定》《英国－挪威合作开发弗里格气田协定》中所建立的"联合委员会"都属这种类型。

南海合作开发区的管理机构应尽量选择法人机构的类型，给予相应的管理机构颁发勘探开发自然资源许可证的权力，让其可以自行规定勘探开发的条件以及同第三方公司缔结合同。这样有利于对合作开发的过程进行有效的管理和控制，更好地发挥管理机构的管理职能。

(3) 参与合作开发的石油公司选择

负责合作开发具体经营活动的是石油公司，既可以是参与合作开发国家的国家石油公司，也可以是经授权许可的外国石油公司。将来我国与南海周边国家进行石油资源合作开发时，对代表我国参与合作开发的石油公司如何选择是一个重要的问题。

国家石油公司是国家所有或由国家控股的代表国家政府进行石油勘探开发以及对外石油合作的石油公司。我国的国家石油公司主要是中石化、中石油和中海油，其中中国海洋石油总公司是唯一负责海洋石油开采的国家石油公司，参与将来我国在南海争议区域合作开发的国家石油公司只有中国海洋石油总公司。

国家石油公司参与合作开发具有明显的优势。首先，国家石油公司为一国所有或控股，其可以更好地代表和维护国家利益。在对外签订协议，进行开采活动过程中，国家石油公司都是处处以国家利益为出发点的；其次，由国家石油公司代表国家参与合作开发，其授权和法律适用都很简单。一国国家石油公司代表本国参与对内对外的石油开采活动的权利，是由一国法律法规明确授予的，具有明确的法律效力。国家石油公司代表国家进行石油开采活动，其法律适用也只能是该一国的相关法律，明确简单易行，对适用的法律也很熟悉；再次，国家对代表其参与合作开发的国家石油公司的监管力度有保障。国家石油公司为该国的国内企业，国家依法对其本国企业享有完全的监管权，且监管权的实际行使也很容易。如果代表国家参与合作开发的是外国石油公司，该国对外国企业或跨国企业的监管难度就要大大增加。

但是授权外国石油公司参与合作开发也有一定的优势。例如，外国石油公司可以为共同开发，尤其是前期勘探作业提供较雄厚的资金和较先进的作业技术；外国石油公司加入合作开发也可以分担合作开发的风险。此外，由于经授权参与合作开发的外国石油公司多属于第三国的石油公司,对另一合作开发合作方来说更容易接受,有利于合作开发的实施,因为第三方的介入会给人留下更多的中立的感觉。

(4) 对合作开发区核发许可证制度的方式选择

许可证制度是指资源国根据有关法律通过颁发开采许可证的方式,将勘探、开发和生产资源的专营权授予被许可人,被许可人对许可区块内开采出的资源拥有所有权,并向资源国交纳矿区使用费、租金和其他费用。它的特点是:在许可证制度中,外国公司有资源开采权及所产出资源的所有权;资源国根据法律,以颁发许可证的方式,授予外国公司在许可区块勘探、生产的专营权。在现代争议海域的合作开发实践中,主要有以下几种核发许可证的方式:

首先是以东道国为主的核准方式。世界上一些开展海域资源开发活动的国家,已经通过制定国家采矿法、石油开采法等完善的立法对矿藏的开发加以规范。这些法律本身就规定了东道国同许可证持有人或承包商之间的契约关系及管理关系。通过标准格式的矿层租赁条款或许可条款,东道国在立法中就事先确定了对未来的许可证持有人或承包商的授权条件以及其他各项权利和义务,这是以东道国政府统辖开采活动的一种方式,或叫作以我为主的方式。这种方式主要被南北美洲、西欧和澳大利亚等国采用。其次是个案处理方式。这种方式主要适用于实行议会政体的国家。一般要求国会给予行政当局以特别权力,东道国政府经过授权就有权对开发协定的条款和条件在个案的基础上采取灵活处理方式,逐次谈判、逐项审核,这就为国家与外国公司进行谈判提供了最大程度的灵活性。还有就是上述两种办法的综合方式。这种方式一方面由国家立法确定了核准勘探开发权、授予勘探开发许可证的基本标准,同时又使行政当局拥有灵活而广泛的权力,以便在关键性的谈判领域制定出必要的细则,或就特定个案能实行特定处理。

对于南海的合作开发而言,核发许可证的灵活性显得十分必要,应该优先采用综合方式来核准勘探开发权并授予勘探开发许可证。如果单一地选择东道国为主的核准制或单一个案件处理方式,有时会对合作开发区的建立产生极其不利的影响。如日本政府为1974年1月签署的《日韩合作开发协定》获准,同时于1974年5月向国会提出了一项特别法案,内容涉及海域矿床开采法。这项特别法案直到1977年6月才获国会通过,随后国会正式批准协定。日韩的合作开发计划被拖延了3年之久。所以在南海的合作开发谈判中,各国都应该注意采取灵活的方式对待勘探开发许可证的发放问题。从中国的角度讲,中国更应该重视上述问题。无论中国是否在管理类型的选择中占主导地位，还是成立了联合的开发委员会，发放勘探和开发许可的行为都是必不可少的程序。为了更好地吸引承包商，同时为了保证投标条件的公平透明，中国都应该制定明确而详尽的法律法规，来指导投标商的投标行为。这些法律法规除了要约明确具体外，还应该有一定的门槛限制，从而剔除不具备实力或条件的承包商，使得中标的承包商能够较好地完成合作开发区域内的任务。另外，由于南海争端非常复杂，涉及不同国家的利益，所以上述的法律法规制定应该更加具体，根据不同情况来加以区分。例如在中国和越南的争议海域内，如果建立了合作开发区，那么管理机构发放许可证时应该给中国和越南国内的承包商以适当照顾；如果是中国和文莱的合作开发区，那么相应的优惠应发放给中国和文莱国内的投标商。最后，在对发放许可证规则的解释上也应该灵活处理，这样既能吸引到更好的承包商，又可以维护好当事国的利益，有利于合作开发目的的实现。

4.3.2 南海油气资源合作开发合同制度框架

（1）合作开发合同形式的选择

一个油气勘探开采企业在获得合作开发区域管理者的许可后，接下来面临的即是要和管理者签订合作合同，究竟选择何种合同形式也是南海合作开发制度构建中必须考虑的问题。

在开发资源的国际合作中，曾经出现过多种多样的合同方式，如租让制、产品分成合同制、服务合同制、联合经营合同制等。不同的合同制度，适应于不同的国家状况，具有不同的法律特征和效果。租让制是国际上合作勘探开发油气资源最早采用的一种方式，而且至今仍是应用最广泛的一种形式。在石油立法比较完备的国家，租让制也被称为许可证制，即国家根据有关法律通过颁发石油许可证的方式，将勘探、开发和生产石油的专营权授予被许可人，被许可人对许可区块内开采出的石油拥有所有权，并向资源国交纳矿区使用费、税金和其他费用。租让制与许可证制就其内容来讲，没有实质区别，不同的名称仅反映了法律关系的主体、地位不同。产品分成合同是20世纪60年代中期印度尼西亚首创，最初用于林业和农业，其后经过修改才用于石油合作开发。尽管学者们对产品分成合同的准确定义没有一致的表述，但根据世界各国对外石油合作中所使用的产品分成合同的一般实践，产品分成合同主要是指外国石油公司自己筹集资金、技术对当事国主权下的某块领域进行勘探和开采，而当事国将未来开采出的原油产品按照事先商定的比例作为报酬支付给石油公司的合同。服务合同由外国石油公司以承包商的身份提供合同所规定的各项服务，以现金或产品获取报酬的合同形式。服务合同又可分为两种类型：风险服务合同和非风险服务合同。在风险服务合同中，外国石油公司作为承包商提供勘探资金、技术等服务，并承担所有风险，如果没有发现石油，合同即终止。如果发现石油，承包商还应提供全部开发资金进行开发。非风险服务合同，又称纯服务合同，是指外国石油公司作为承包商受雇于东道国，提供技术服务并收取服务费，但不承担任何风险的合同形式。联合经营合同是国家参与石油勘探开发的一种合同形式，在这种合同中，国家通过参股参与经营活动，对石油勘探开发经营活动以及外国石油公司的各项承诺进行监督和控制，增加政府的财政收入，保护国家利益。

上述几种合同都是当今国际实践中运用较多的合同形式，在未来的南海合作开发制度构建中，都可以作为参考和借鉴。至于其中的优劣顺序，我们倾向于首先选择联合经营和产品分成合同，其次选择租让合同或服务合同。联合经营合同对于南海周边各国有着十分重要的意义。南海周边各国大都是发展中国家，采用联合经营合同可以使其通过参与形式获得石油作业的技术、管理商业方面的经验，为以后直接进入国际石油市场提供基础。另外，这种方式已经获得了国际社会的广泛认可，合同形式的内容都比较成熟，在西方工业化国家和发展中国家中使用普遍。联合经营具体还包括两种方式：合资经营与合作经营。在合资经营中，通常由资源国或其国家石油公司与外国石油公司合作出资建立一个具有法人性质的经济实体进行经营，负责石油勘探、开发、生产、运输和销售等经营活动。双方各持一定比例的股份，并按股份比例分配利润及分担风险。在合作经营中，双方协议组建一个由双方代表组成的不具有法人性质的联合管理机构，双方联合经营、合作投资、共负盈亏。两者相差不大，主要区别在于双方各自核算开支与收入，单独纳税，南海周边当事国可以根据情况具体选择。产品分成合同对于南海周边各国的合作开发而言，也是一个很好的选择。该种合同具有以下重要特征：东道国拥有石油资源的所有权，其指定机构拥有石油勘探、开发、生产、运输和销售的专营权；东道国政府通常掌握合同各个阶段生产的管理权和监督权，而日常作业管理由承包商负责；合同区内用于石油作业的全部设备和设施，通常转属东道国所有。产品分成合同制在法律上同租让制的根本差异在于石油开采控制权的转移，产品分成合同制强调国家或国家石油公司对资源的所有权，而租让制则强调外国石油公司对资源的所有权。产品分成合同制度是第二次世界大战以来诞生的一种新颖的石油开采方式，它改变了石油所有权同东道国分离的怪象，使得石油开采、生产经营活动牢牢掌握在国家或国家石油公司手中。有学者曾指出：产品分成合同体现了在石油生产国和外国石油公司之间使历史上不平衡得以平等的一种重要的努力。虽然这种合同夸大了各方之间权力的实际转属，却提供了平等的外观以及最终达到这种平等的手段。产品分成合同制不仅为石油生产国的石油开发提供了一个健全的基础，也为外国石油公司提供了风险投资的稳定环境保障。目前全世界有20多个国家和地区在石油勘探开发对外合作中采用产品分成合同，我国海上、陆上对外合作也主要采用这种形式，将其适用到未来的南海合作开发制度中，既有现存的宝贵经验，又可以维护自己的资源主权，此外还能提升外国石油公司参与石油开发的热情和信心，无疑是一种很好的合同制度选择。

比较而言，租让合同和服务合同对东道国的利益保护程度就不如上述两种合同形式，不应成为南海合作开发构建中的首选合同制度。租让合同仅仅是当事国政府收取租金，自己并不参与石油的勘探和开发，这就给外国石油公司很大的自主权，东道国既不能在石油勘探和开发技术上有所收获，又面临对外国公司不易监督和管理的难题，对于东道国十分不利。服务合同的缺点与之类似，并不利于南海周边各国油气资源的维护。

需要注意的是，南海周边各国的经济环境和政治体制存在不小的差异，各个国家在合作开发中的目的和追求也有所不同，所以并不存在一种能被普遍接受，或能主宰合作开发合同方式的唯一选择。任何一种合同形式均有其特定的历史背景和经济、政治因素，而这些历史的、政治的和经济的诸因素，影响双方最终决定采取特定的合同形式。因此，南海周边各国在建立合作开发区之前，必须根据各国的政治、经济发展的目标和优先性协议确定采用何种合同形式，使得双方在资源利用、利润的分享以及风险和费用的分摊等方面均能取得一致。

(2) 合同基本条款

合作开发合同的基本条款和内容对合作开发的目的、宗旨、经营管理、收益分配、成本分担、争端解决等问题做出规定，是合作开发活动的基本法律依据。合作开发合同的目的，是为了落实两国间合作开发协议的执行，实现两国对特定南海争议区域内油气资源的合作开发，以获取各自在该争议区域的油气资源利益。

①合作开发合同的区域和期限条款。合作开发参与国应在合作开发合同中以划分区块的形式将合作开发区明确标明，以确定合作开发活动的空间范围。合作开发区域的划分应依参与国的合作意愿决定，但区域范围大小要适宜，如果范围过大可能会扩大争议范围，给划界争端的解决带来新的麻烦，如果范围过小则可

能不利于获得石油资源。

合作开发合同应对合作开发作业的期限（开启时间与结束时间）做出明确的规定。期限中的开启时间应是合作开发合同的生效时间；在商事主体的主导下，完成资源开发和产品分配，也宣告合作开发的结束。开发的期限可按作业的性质不同分为几个时间段，如勘探期限、开发生产期限、产品分配或利益分享期限。对每一时间段落的设计，都要充分考虑到合作区域的地质结构及其物理环境、生产技术的现状及其作业效率等实际情况。另外，每一时间段的设计要留有余地，可做出不超过 5% 的弹性限定，即提前或延期时间不超过该段落时间的 5%。

②合作开发合同的费用预算及分摊条款。合作开发合同中应根据海洋地质的复杂性、工程技术设备及劳务的市场行情，对勘探开发油气矿藏的费用做出详细的预算。预算的前期工作是细查分析地质结构、调查了解国际市场行情及走势，为搞好预算积累详实的资料。在此基础上，做出中外双方认可同时也为市场可接受的费用预算方案，并根据利益分成及风险承担比例做出双方费用承担比例的安排。

费用预算包括勘探费用、开发费用、生产作业费用、经营管理费用的预算。应从国际惯例和中国国情结合并与国际接轨的要求上，对各项费用进行明细预算。

③合作开发合同的安全及环保条款。合作开发合同应当将环境保护的相关内容列入其中，应根据作业环境、气候特征、潜在风险对劳动者的生命安全及保护乃至赔偿做出详细措施应对。在海洋石油生产作业中，作业者和管理者应当确保海洋石油开采、海洋作业设施、海洋石油生产设施、专业设备等符合法律、法规、规章和相关行业标准的要求，并建立完善的安全管理体系。设施主要负责人对设施的安全管理全面负责。

要从技术、管理、管制三个方面制定环保条款，防止因爆炸、泻油、设备倒塌引发的海洋环境的破坏，确保旅游、交通航行、渔业生产等其他工作的安全正常运行。制度上不能有漏洞。2010 年 4 月 20 日英国石油公司（BP）的钻井平台在路易斯安那州附近墨西哥湾海域爆炸沉没，平台下方的油井每天泄油 5000 桶。这次漏油事件造成的环境污染超乎想象的严重，墨西哥湾的生态恢复可能需要 100 年的时间。事故的发生有很多因素，其中最重要的是技术、管理和政府管制三大问题：事故本身存在技术操作问题和系列技术隐患；施工作业、技术服务、设备供应环节的划分不清，其责任不明；政府对于深海石油作业的管制不够严格，职责缺位。

强化风险意识,是合同条款建立中始终遵循的准则。为加强海洋油气开发工程环境保护设施竣工验收管理,根据《中华人民共和国海洋环境保护法》《防治海洋工程建设项目污染损害海洋环境管理条例》等有关法律法规的规定,中国海洋局于 2008 年制定并颁布了《海洋油气开发工程环境保护设施竣工验收管理办法》,强调了污染防治与海上油气生产设施同时设计、施工与投产的"三同时"制度,细致规范了各个生产环节中的环境保护措施。这些制度措施值得合作开发合同吸纳和借鉴。从海洋开发的发展趋势来看,要选择一些真正有实力的石油公司参与海上项目,并不断强化风险意识。在战略与政策上,要正确划分作业海域,加强分层管制和指导。具体细化生态环境赔偿规则,提高环境保护条款的可操作性,也是合作开发合同所要仔细考虑的。2010 年 7 月大连新港附近中石油的一条输油管道发生爆炸起火,经过 15 个小时大火才被扑灭,溢油区域已达 183 平方公里,其直接损失估计 3 亿人民币,但是其周边环境损失难以评估。在我国,由于生态环境赔偿规定缺失,导致环境损害赔偿缺乏参考依据。尤其是当前我国沿海开发逐渐增多,突发事件难免发生,从而加剧海洋污染和生态破坏。虽然有《海洋环境保护法》等法规,但由于可操作性不强,导致海洋生态损害的索赔工作不能实质性展开。这种法条可操作性差的弊端,在合作开发的合同中要尽力克服。

④合作开发合同的保密规则与纪律条款。合作开发合同中约定的保密条款,应根据具体单位实际对保密范围、保密义务及违约责任作具体的可操作性规定。应根据各单位实际情况详细规定各单位的商业秘密以及用人单位对其他单位负有保密义务;要明确约定商业秘密和知识产权的归属;要详细规定劳动者的保密义务并明确界定各种泄密行为;要明确约定员工违反保密义务应承担的法律责任。

合同条款中必须明确什么是商业秘密。商业秘密在不同的时间和区域有不同的标准。商业秘密包含的内容很广,包括:专利技术、商标、工业品外观设计、版权等知识产权;在生产作业过程中所取得的各项作业数据、记录、样品、凭证及其他原始资料;商品的产地、加工工艺、原料产地、进销渠道、价格、专有技术等信息。所有这些的所有权均属于商事主体,未经授权单位许可,任何单位及个体无权将其泄露、转让、使用、赠予,任何违反都是对保密制度的破坏,都应承担相应的法律责任。

合同条款中必须明确各单位有哪些商业秘密,职工在工作中能接触到哪些,订立有针对性的条款。保密条款应针对具体的人而有所不同,不能要求所有的职工都履行完全一样的保密条款,对不接触到商业秘密的职工就不应要求他们履行保密条款,对涉密多少的不同在合同中要有相应体现。同时对不同的秘密制订不同的等级，不同的等级提出不同的要求。在合同中必须规定保密的起止时间；合同中规定的保密事项必须可操作，以便于监督和检查，只有这样的约定才有实际意义。

⑤协商和仲裁条款。协商和仲裁条款是合作开发协议中不可缺少的内容。由于地质环境的实际变化、协议条文的缺陷或不明确，在合作开发中双方有一定的争议在所难免。为此，双方应本着加强合作、平等互利、互相体谅的精神，进行富有诚意的协商或谈判，尽早消除、化解或搁置争议纠纷，避免将问题复杂化、多边化，要防止外来强势国家粗暴干涉指责。若协商未决，可提请双方都认同的国际仲裁机构仲裁。我国向来倡导和遵循彼此合作、平等互利的友善原则，但也要注意善于运用仲裁解决争议，维护我方的应得利益。协商和仲裁条款应体现这些原则精神。

然而，一个国家的利益是多层次的，有核心利益、重要利益与一般利益。世界长久的和平、国家领土安全与统一、经济社会可持续性发展的基本保障，就是我国的核心利益。为此，我们必须全力搞好我国自己的社会与经济发展，以我为主，并争取以此配套软硬件，这就构成了我们核心利益的第一分量。与此同时，我们必须一贯坚持与周边国家和平发展，尊重他们的合理诉求，避免矛盾、对峙、摩擦、对抗，以协商平等换取和平发展的空间和时间，这就构成了我国核心利益的第二分量。两部分之间的关系相辅相成，平行不悖。地缘政治一个重要的边际效应规律，一个对你友好并给你带来利益的国家，会由于它是你的邻居而使这种利益倍增。在这个问题上，我们已经积累了丰富的经验。我国与周边20个国家中的6个解决了边界争端，同东盟10国签署了《南海各方行为宣言》。在一定意义上，争议双方直接协商，用智慧而不是用武力，靠自己而不是靠法官解决问题更易于为双方所接受。

（3）合作开发合同风险防范条款

①稳定条款和平衡条款。稳定条款和平衡条款都是针对国家法律、法规和政策变化制定的，是国家法律、法规和政策变化可能对另一方当事人权益产生不利影响时的补救条款。稳定条款和平衡条款防范的主要是投资者可能面临的风险。

稳定条款和平衡条款的采用有利有弊。一方面，两条款对于合同一方当事人的石油公司是有利的，可以尽可能地避免在合同签订后出现对其产生严重影响的法律变动，即使这种变动无法避免，也可以依条款从其他方面获取经济利益上的平衡，以补偿遭受的利益损失。对于另一方当事人的国家而言，也可以提高对石油公司的吸引力，尤其是在该国缺乏石油资源开发的资金、技术、设备等的情况下。但另一方面，稳定条款和平衡条款可能导致当事国在一定程度上放弃自己的立法权，不利于合同定义以后的发展，也不利于通过制度保障国家的经济主权和安全，或为自己变更法律制度的行为承担其他的责任。

因此，可以考虑我国在授权他国石油公司参与合作开发时，应在授权开发合同中谨慎选择稳定条款和平衡条款。

②重新协商条款。重新协商条款，又称再谈判条款、调整条款等，约定在情势发生重大变化而导致合同利益失衡时，当事人可以对合同内容和具体规定进行重新审查、变更和调整。重新协商条款为未来情势变更后合同的继续履行或调整提供了解决的途径和依据。但另一方面，重新协商条款也给合作开发合同的履行带来了不稳定性和未知的变数，使合同各当事方预期的收益可能面临风险。此外，合同签订后产生的重新协商和谈判，在增加成本的同时，还可能导致原合作开发合同履行的中断，拖延了原合作开发合同履行的期限等。因此，我们建议订立合作开发合同时应尽可能制定适合各种经济条件的灵活条款，尽量避免过多的重新协商和谈判条款，或对导致重新协商的重大情势变化做出明确的限制，甚至可以列举的方式列明有限的可适用重新协商条款的情势变化。

③撤销条款。撤销条款约定在一定期限内的勘探没有实质发现的，作业者将勘探区域的一部分返还给授权国或其国家石油公司。这是由石油资源勘探的复杂性决定的，该条款对授权国和被授权的石油公司都有利。授权国把石油资源的勘探权授予石油公司，但是如果该石油公司经过长时间的勘探，并未有实质的发现，此时将该区域的一部分返还给授权国或其国家石油公司，后者可以将该部分的勘探权授予其他石油公司，有利于获得有商业价值的发现，同时，勘探作业者也可以通过放弃其认为没有或较少储量的区域，集中资金和精力对其认为有良好前景的区域进行勘探。

因此，我国在将来的授权开发合同中，也应当约定撤销条款，一方面保证代表我国进行开发的石油公司能够尽快地获得具有商业价值的发现，另一方面也可以防范勘探作业者面临的作业风险。

④保证汇兑自由化条款和投资保险条款。保证汇兑自由化条款和投资保险条款都是保护经合作开发参与国授权，代表其参加合作开发活动的外国石油公司的，分别针对授权国的金融风险和政治风险而约定的。在将来我国与南海周边国家合作开发争议区域石油资源的过程中，尽管我们更赞同由国家石油公司代表我国参与合作开发，但外国石油公司的介入也是不可避免的，因此，为吸引外国石油公司的投资，保障其利益，应当在合作开发合同中制定保证汇兑自由化条款和投资保险条款。此外，随着我国经济、技术的发展，国家石油公司资金的日益雄

厚，我国国家石油公司经授权代表他国参与合作开发的情况也会出现。在此情况下，为保护我国国家石油公司的利益，应当在合同中签订保证汇兑自由化条款和投资保险条款等防范投资者可能面临的风险条款。

4.3.3 南海油气资源合作开发法律制度设计

（1）法律框架体系的建立

一般来说，合作开发制度的法律框架主要由三个部分组成。即由国际法调整的当事国双方之间的合作开发协定的有关规定；由国内法调整的开发合同的条款；有关当事国行使的适用于管辖本国近海的法律，该法律也被称为"选择适用的法律或指定的石油法"。以上三个因素总称为合作开发区"适用的法律"，但这三个要素的划分不是绝对的，有时是很难做到泾渭分明，清楚确定哪些是合同事项由合同加以调整，哪些是规章事项由有关国家近海法律加以调整，总会有一定程度的重叠与交叉，甚至会出现冲突。

对于南海合作开发制度的构建，同样应该以上述三个方面为指引，制定南海海域合作开发区域内相关法律法规。

首先，要在合作开发的当事国之间建立合作开发协定。合作开发的国家实践表明，在主张重叠海域建立合作开发区并实施合作开发，其基本要素之一是缔结合作开发协定，这是双方进行合作开发的合作约定和法律基础。当前世界上存在不少的合作开发协定，每一个合作开发协定都有其各自的特点，但就各个地区合作开发协定内容加以比较分析，则不难归纳出这些合作开发协定对跨界或主张重叠海域资源的开发活动存在一些类似的规定。我们在构建南海争议海域合作开发协定时，也应该借鉴现存协定中的相关条款，在合作开发协定中对某些重要事项做出规定。这些重要事项包括以下内容：第一，合作开发区域的位置和范围。这个区域可能是已发现的跨界矿藏，也可能是存在潜在资源的海洋区域。这是最基本的规定，尽管划分合作开发区的方法不尽相同。第二，规定合作开发区的管理制度。管理制度主要有四个方面的内容，包括：管理模式的选择；管理机构的选择；核发许可证的方式；合作开发合同方式的选择。第三，对管辖权问题进行规定，包括管辖权的内容，管辖权的分配等等。第四，规定争端解决办法。合作开发协定和其他国际条约一样，缔约国之间对其解释与适用也常易引起争端。争端的解决在合作开发协定中一般都有规定，预先确定争端的解决途径和方法。第五，规定开发与终止期限。合作开发协定一般规定开发期限，它可以反映出当事国的政治倾向以及经济和技术方面的估测。除此之外，由于当前海洋环境的保护问题日益受到人们的重视，不少合作开发协定中也对环境保护问题进行了规定，以预防重大环境事故的发生，或对重大环境事故发生后的责任问题进行了明确规定。

其次，南海的合作开发协定还应对进入合作开发区内承包人或经营人之间的权责关系加以规范。需要由开发合同规范的法律关系主要有：

①合作开发机构或当事国政府同承包人之间的关系。这种关系是契约性，合同所包含的内容为：承包人的权利和工作职责、合同适用的期限、合同适用的区域以及财政税收条款等。

②承包商同经营人之间的关系。当事国政府可以委派本国石油公司为承包商，并通过签订开发合同来控制经营人的经营行为。这种合同所涉及的内容包括经营人的生产能力、经营人应当对受雇者健康和资金承担的责任、紧急情况下应采取的措施等。该开发合同必须在当事国法律的基础上建立，不应违反当事国的法律规定。

③承包商同第三方的关系。这里的第三方是指同承包商或经营人有关联的其他公司或商品及服务的供应商。合作开发的经营活动会产生经营人同第三方的权利和义务关系，这种关系也需要由有关合同来加以明确或规范，否则一旦在开发活动中发生人员伤亡或危害海洋渔业和污染海洋环境的事件，就会因缺乏事先的合同约定而使问题难以处理。上述这些法律关系需由开发合同来加以规范，它们不属于国际法调整的范围，这些合同需由当事国所确定或选择的有关国内法来加以调整。

最后，合作开发协定还应该明确规定选择适用的法律。在国际实践中可以看出，外国投资人、私人财团或承包商均要求对于他们应当遵循的法律法规有一个明确的规定。因此，合作开发区适用的法律的确立，直接关系到合作开发区勘探开发活动的成功与否。为了避免在合作开发区内由于管辖权重叠而出现冲突问题，合作开发协议对于适用法律进行规定十分必要。根据国际合作开发的实践，目前对于此问题存在三种解决方式：一是选择统一的一套法律体系对开发区内的所有事项进行适用；二是将整个合作开发区分为两个部分，分别在靠近当事国的部分采用本国法律；第三就是采取综合的方法对这一问题进行灵活规定，例如：澳大利亚与印度尼西亚合作开发案中，条约规定建立的合作区共划分为三个区域，即区域 A，区域 B 和区域 C，靠近澳大利亚一侧的区域 B 采用澳大利亚法律来管辖。靠近印度尼西亚一侧的 C 区域采用印尼法律来管辖，而区域 A 则由双方合作管辖，采用双方合作选择的一套适用的法律加以管辖。

（2）管辖权的设置

南海海域合作开发区域内管辖权的设置主要是指当事国在合作开发区域内有哪些权利，而这些权利的依据是什么？一般认为合作开发区内的管辖权主要来自两个方面，并对应不同的管辖权。合作开发区域内的管辖权首先来自国际法的相关规定。国际法规定的各国在合作开发区内的管辖权，合作开发区的区域主要位于沿海国的专属经济区和大陆架区域，有时领海也会划入合作开发区。因此，就合作开发区的法律管辖权限而言，必须同国际法允许沿海国在这些沿海区域行使的那些权限相一致。《海洋法公约》第80条和第60条款就沿海国在大陆架和专属经济区内扩大了管辖权限作了特别规定。这是两个国家实施合作开发以及行使专属性管辖权的法律基础。这些专属性的主权权利和管辖权主要包括：

①勘探和开发、养护和管理海床和底土及其上覆水域的自然资源为目的主权权利。

②沿海国对专属经济区内的人工岛屿、设施和结构的建造和使用享有专属管辖权，包括有关海关、财政、卫生、安全和移民规章方面的管辖权。

③沿海国对专属经济区（包括大陆架）内的科学研究应有专属管辖权。

④沿海国为了保护和保全海洋环境在其专属经济区享有专属管辖权。沿海国有权根据本国的实际情况制定有关法律和规章（包括规则和标准），以防止、减少和控制来自船舶、陆地、海底活动、人工岛屿、设施和结构、第三国在海底铺设管道、倾倒和其他事项等对其专属经济区的污染。

⑤行政管辖权。沿海国根据《海洋法公约》，在其主权权利和管辖权范围内，在其专属经济区内有行政管辖权。如对海底活动、人工岛屿、设施和结构以及对海关、财政、移民、安全和卫生等方面的管辖权。

⑥民事管辖权。沿海国在其专属经济区内，按照《海洋法公约》规定，在行使其主权权利和管辖权时有民事管辖权。对外国船舶在该区域内违反规章、负有债务等，沿海国对其可行使民事管辖权。

⑦刑事管辖权。沿海国不应对在其专属经济区内正常通过和航行的外国船舶行使管辖权，逮捕与在该船通过期间船上所犯任何罪行有关的任何人或进行与该罪行有关的任何调查，但是在罪行的后果及于沿海国行使其勘探开发、养护和管理该区自然资源的主权权利时，或罪行是在领海内发生后果及于该国者，沿海国得行使刑事管辖权。如果犯罪行为是在其内水发生而通过其专属经济区的外国船舶，沿海国有进行逮捕或为检查目的而采取其法律所授权的任何步骤的权利。船舶在专属经济区发生碰撞涉及刑事责任和法律责任，沿海国也享有刑事管辖权。

除此之外，在建立南海合作开发区时，还要考虑根据国内法行使的管辖权。因为国际法着眼于海域的性质和国家对该区域所具有的权利的性质，而且按照国际标准，国家对某海域行使民事和刑事管辖的有效性具有国际法依据并受其保护。因此，有关国家进行合作开发谈判的早期阶段必须对相关的国际法规定加以考虑，并以国际法为依据订立合作开发协定。但是仅依据国际法，则不足以理解对日常沿海石油经营活动所作的实际控制，而这只能通过分析国内法才能得以理解，实际问题的解决也将依赖于沿海国的法律制度。

各国由于历史和政治制度的原因，在行使其沿海法律权利时的方法是不同的。尽管《海洋法公约》和习惯国际法赋予沿海国对大陆架的管辖权限于用于勘探和开发自然资源的设施和结构以及在该区域内作业的国民，而事实上沿海国选择执行这种管辖权的方式往往是突破这种限制。实际上，通过对一些国家的国内立法的分析可以看出，这些国家在论及大陆架时往往从本国法律的观点并按照其法律规定把沿海大陆架等同于本国领土或以本国领土来处理。然而，正如英国学者奥康奈尔所指出：不应仅仅因为运用立法手段把其所有立法适用到大陆架就认为该大陆架等同于本国领土。明确沿海国家对大陆架主权权利和管辖权的性质固然重要，但更为重要的是国家在实践中是如何具体行使管辖权的。

所以，南海海域合作开发区的建立，也离不开对周边各国国内法规定的考察。特别是当具体的合作开发区域是某些国家之间的协定所划出时，对相关国家国内法的研究更是十分必要。只有在此基础上，才能保证合作开发区的管辖权与当事国之间法律制度的契合，避免出现潜在的法律冲突和矛盾。例如，2012年越南国会通过了《越南海洋法》，意图将西沙群岛和南沙群岛包含在其所谓的"主权"和"管辖"范围内。然而，该法出台不久，新加坡《联合早报》就刊登文章，称《越南海洋法》对其争夺西沙和南沙群岛主权的作用十分有限。

第一，有效控制规则不能适用于西沙和南沙群岛问题。因为有效控制规则，仅仅适用于无法确定争议领土的所有者的情况，中国根据传统国际法中的先占取得规则，已取得西沙群岛和南沙群岛的主权。一方面，南海诸岛由中国首先发现，中国对南海诸岛享有"初步权利"；另一方面，中国已对南海诸岛实施有效占领，成为南海诸岛的合法所有者。

第二，1975年以前，越南政府在国际交往中，都明确承认中国对西沙和南沙群岛的主权，越南官方编制或印制的地图和地理教科书，亦确认西沙和南沙群岛属于中国。越南此次立法规定西沙和南沙群岛为越南领土，其出尔反尔的行为，因违反了禁止反言原则而无效。

第三，退一步而言，假设有效控制规则适用于西沙和南沙群岛，该规则还需要结合"关键日期"概念适用。

一般认为,殖民地国家独立的时间就是关键日期。而 1975 年才是中越南海岛屿领土争议的关键日期。因此,在 1975 年以后越南有关西沙和南沙群岛的国家行为,不具有相应的证据效力。据此,《越南海洋法》声称越南拥有西沙、南沙群岛主权不能产生法律效果。这正是根据《海洋法公约》对越南国内法律研究所得出来的结论,国家有权根据自己的基本国情进行相关的立法,但国内法律不能与国际法相违背,否则,这种法律的潜在冲突会给世界和平带来巨大的威胁。

4.4 南海油气资源合作开发的效益分析

油气资源合作开发效益是指油气资源合作开发总收益减总成本的净收益。总收益越大,总成本越小,油气资源合作开发的效益就明显。以下从收益－成本两方面对南海油气资源开发的效益进行分析。

4.4.1 南海油气资源合作开发的收益分析

(1) 能源安全收益

一国对能源,尤其是石油资源的需求,以及石油资源在现代经济中的重大战略意义是共同开发争议区域石油资源最直接的经济诱因。能源安全越来越成为世界各国在考虑国家安全和经济安全时最先关注的问题之一,能源的保障程度直接关系到各国国民经济的发展和国家的安全。任何国家的经济发展,尤其是工业发展,都离不开能源,能源在国家经济发展过程中发挥着重要的作用。事实上,国家经济发展越好,对能源的需求越大;能源供应越充足,利用越充分,国家的经济发展越迅速。能源的供给情况已经在很大程度上成为国家经济发展的保障或阻碍,能源的供给充分满足国家的发展需求,则能够促进国家经济的迅速发展,反之,如果能源供给不充分,满足不了国家经济发展对能源的需求,则能源问题可能成为制约一国经济发展的瓶颈。

石油,被称为"能源中的能源"、现代工业的"血液"和现代经济的命脉。在当今的国际社会,石油不仅是一种财富的象征,更是一种重要的战略资源,具有很强的政治特性,影响着国家的稳定和安全。正是由于石油在现代社会的重要地位，世界各国无不努力介入各种石油活动，运用政治、外交、军事、经济、法律等各种手段，保持和加强其对国内外石油资源的有效控制。

正是石油资源的重要战略意义，一国对于石油的强烈需求，甚至可以在一定程度上超越或减弱国家政治角度的考量。如果相关国家之间的划界问题迟迟得不到妥善解决，争议区域石油资源的开发利用可能被长期延误；而如果在领土主权争议和划界争端情况下，一国单方面地开采争议区域的石油资源，可能会严重损害另一国的权益，并严重影响两国的关系。因此，理性的国家往往选择了临时的双赢措施——共同开发。共同开发协定的签订，主要出于经济或资源利益的考虑，出于相关国家保护其石油储藏利益的紧迫感。通过共同开发，相关国家均可获得一定的利益，如获取石油资源，或石油勘探开发技术，对争议区域的石油资源进行合理利用和保护等。

（2）国际关系收益

合作开发油气资源的各国之间友好的国际关系，对共同开发的建立和具体实施均有决定性的影响。其既是实现争议区域石油资源共同开发的前提和基础，又是共同开发活动顺利进行的保障。首先，如果两国关系良好，有密切合作的传统和精神，两国更容易在共同开发主权重叠的区域的资源问题上达成一致意见。反之，如果国家间关系复杂多变，合作关系不稳定，将使相互间的共同开发难以实现。其次，共同开发争议区域石油资源的过程中，也需要继续维持合作国之间的友好关系。共同开发的周期一般较长，将维持数十年之久，这个过程离不开合作国之间良好的国际关系。否则，一旦合作国之间的关系破裂，可能导致共同开发协定被撕毁或合作国对共同开发活动设置障碍等，都将破坏共同开发的顺利进行。再次，如果共同开发活动中，参与共同开发的主体之间产生争端，各主体应本着相互谅解和合作的精神，通过和平手段积极化解争端。以合作国之间的良好国际关系为基础，将有利于争端的和平解决，继续维持良好的国际关系，也会为争端解决以后的共同开发活动的继续进行奠定基础。

维持和促进合作国之间的友好关系，并不是说国际关系是共同开发活动的一切主宰，毕竟目前的共同开发活动都是建立在法律文件基础上的，是在法律规范框架内进行的共同开发。法律关系及其约束力在共同开发活动中具有重要的作用，有共同开发协定、授权开发合同和联合经营合同的存在，维持共同开发活动的顺利进行是各主体的法律义务，当然也是合作国的法律义务。但法律义务的承担并不表示合作国之间不需要维护良好关系，毕竟实践中撕毁协定，违反法律义务的做法还是不少。

我国要实现与他国在南海争议区域共同开发石油资源，就要努力维持和促进与相关国家之间的友好关系，这对共同开发的实现和共同开发活动的顺利进行都具有重大的意义。

(3) 技术与经济收益

争议海域油气资源的开发属深度开发，与大陆架和陆上勘探钻井作业相比，深水作业的施工风险高、技术难度高、成本昂贵等。这些都由一方承担，风险极高，实施合作开发可以降低或化解经济风险。

地质勘探和油层评价是整个油气资源开发的基础环节，但由于极大的施工风险和极大的技术风险，均存在不确定性。

①勘探器械安全的高风险性。海洋平台结构复杂、体积庞大、造价昂贵，而且与陆地结构相比，其工作环境十分复杂和恶劣，风、海浪、海流、海冰和潮汐时时作用，同时还受到地震的威胁。由此导致的环境腐蚀、海生物附着、地基土冲刷和基础动力软化、材料老化、机械损伤等因素都将导致平台抗力的衰减，影响结构的安全性。另外，操作不当、管理不善等人为因素也直接影响海洋石油平台的安全性。

②技术的高风险性。技术的高风险表现为技术要素高、投入巨大、研发周期长、牵涉专业广等。我国海洋工业开始于 20 世纪 70 年代初期，最早的海洋石油开发起步于渤海湾地区，其水深约为 20 米。20 世纪 80 年代末期，在南海的联合勘探水深仅 100 米左右。

近年来，我国在深海勘探和开发油气资源方面，无论是技术还是设备都取得了突破性进展。现在南海的勘探和开发，其水深多在 500 米到 2000 米。随着中国"半潜式海洋钻井平台"的建成，在这一深度上作业基本不成问题。中海油研究总院深水工程首席专家张大刚曾向《环球时报》宣布："到 2020 年，中国将具备深海油气田的完全独立开采能力。"并称中国南海油气田开采在勘探装备方面已经具备实力，正在努力攻克深水区开采难题。技术上的成熟将为中国在南海油气田开采打下基础。深海油气资源勘探也涉及造船、计算机、自动化、通信、测量、运输等诸多行业的技术开发，因此深海勘探是一个综合性的技术问题。这种勘探器械安全的高风险性和技术的高风险性都是客观存在的。而合作开发可以分散风险，可以充分发挥技术的互补性，即应用先进的三维地震、水平钻井或斜井技术，从而提高资料的采集和解释的精度，大幅度地降低勘探的成本，提高成功率。在评价阶段，储量的大小和空间分布仍有很大的不确定性，必须打更多的井才能测评油气藏量的分布。但从理论积累和工程实际来看，我们的优势主要集中在陆相盆地，对于海相的研究及实践还很有限。合作开发的实施，同样可以弥补研究上的不足。在实质性的钻采阶段，技术的不确定性也时常出现。其主要表现在对地理环境了解不充分、不具体、对海上作业复杂性的低估和设计上的不断修改等。此外，安全环保、生态污染、油田废弃等一系列问题的解决也会使得成本高额增加。即使海上油气勘探开发工作都非常顺利，也仍然存在一些可能造成经济损失的风险。因为海上油气田的开发成本高，其利润率受到多种因素的影响，其中最重要的因素是油价、汇率、通货膨胀。这些因素的不确定性也会带来经济损失的风险。

在"一带一路"倡议的背景下，国家已将大量资金用于西部地区的基础设施建设，在海洋油气资源开发投入方面可能受到一定的限制。实施合作开发，实现国际合作，将使我国在海洋油气资源开发中节约资金，少走弯路。因此，实施合作开发，有效利用国外的资金和先进的勘探开发技术，充分发挥国外先进的经验和理念优势，可以有效分散经济风险，抵抗国际经济环境的不利影响，可以尽快缩小我国海洋油气资源开发水平与国际水准的差距。

4.4.2　南海油气资源合作开发的成本风险

南海油气资源合作开发的成本主要体现在其合作开发的不稳定因素上，即风险成本，主要包括以下方面的成本风险：

（1）外部风险因素

外部环境是企业生存的基础，企业的外部环境变化对于企业蕴含着越来越多的风险，包括地质风险、政治风险、政策风险、市场风险等。外部风险可以被认为是基于客观存在的风险因素，这类风险因素的可控性非常小，但如果处理不当，仍会对油气资源开发带来一定的损失。所以有必要对企业的外部风险因素进行识别与控制。2014年《国家风险分析报告》显示，由于债务危机，世界上许多国家存在信用风险、外汇管制风险。由于世界经济疲软，国际海洋油气资源开发面临较大的行业风险和市场风险。最近一段时间，全球地质活动趋于活跃，许多海域进入地震频发周期，所以发生地质风险的可能性逐渐增加。当今世界，全球政治呈现多极化发展，局部矛盾和冲突频发，地缘政治日趋复杂，政治风险不容忽视。

①政治风险。政治风险是由一系列政治因素造成的。政治风险在国际海洋油气资源开发中非常重要，它的发生往往会给外国石油公司或资源国政府造成巨大

的损失。稳定的政治环境是国际海洋油气资源合作开发成功的必要前提,政治风险往往表现为战争威胁、内部暴力、政权变更、政策变更等。

战争威胁是指资源国国内发生战争或与其他国家发生战争,给外国石油公司造成经济损失的一种风险因素;内部暴力是指在资源国或外国石油公司内部由于利益纠纷,发生的一系列诸如绑架、暗杀、低强度的游击战和恐怖主义犯罪等;政权变更是指资源国政府内领导层变更有意无意地会给外国石油公司带来一定的经济损失;政策变更是指资源国政府的一些诸如资源国有化、外汇管制政策等发生变更,给外国石油公司带来损失的一种风险因素。

国家之间的基本关系的性质及合作精神是合作开发重要的刺激剂或抑制剂。南海周边国家都属于东盟的成员国,在政治上互信,经济上相互依赖,虽然各国的国家性质各不相同,但是在维护地区稳定和繁荣的愿望上各国都能达成共识。合作开发的实现,对于搁置争议或缓和争议,对于推动边界问题的解决,对于缓和争议和发展双边关系,避免发生军事冲突等均会起到一定的积极作用,它丰富了处理复杂国际关系的模式。这些都是各国愿意看到或接受的。[①]

南海油气资源合作开发考虑的另一个政治因素是国家安全政策。近年南海争端加剧,使得这一区域矛盾激化的可能性上升,有的学者认为南海有"巴尔干化"的趋势,只有在稳定安全的环境下才能促成各方和平谈判、对潜在资源进行勘探开发。南海地区存在大量的领土争议,石油公司涉足开采此地,可能冒勘探耗费之险而有所顾忌。

②社会风险。社会风险是指在国际油气资源开发过程中由于一些社会问题给外国石油公司造成损失的风险因素,这些社会问题往往表现为种族、宗教或民族冲突,一些社会团体的反对,官员腐败以及资源国国内社会风气不良等。

中国与南海周边各国都属亚洲国家,大部分都是发展中国家,但是各国的发展程度有差异,经济上呈阶梯形发展,在自然条件、民族文化、经济发展和政治制度等方面存在较大差异。因此,在这一地区,要想达成一致,所遇到的问题是不言而喻的。在社会文化方面,世界上大部分的宗教在该地区都有代表,也不乏有些地区还存在原始部落,文化的差异性给这一地区的合作价值观的形成带来阻碍,同时也会造成内部的分裂。同其他区域组织的性质不同,东盟成立较晚,且内部组织不成熟,各种规章建立得不完善,同时缺乏合作的价值观。因此,在推进南海合作开发的道路上走得相对缓慢。不可否认,中国与东盟之间在政治、经济和文化上存在许多合作利益,在全球一体化的背景下,东盟与中国自然也有很

---

① 马秋. 中国南海矿产资源开发法律问题研究 [D]. 大连:大连海事大学, 2007.

多汇合点，所以在推进南海合作开发的进程中，要在东盟与中国之间建立一个牢靠的、长久的合作基础，逐渐形成较成熟的国际社会环境，这样南海油气资源的开发才能顺利开展。

③经济风险。经济风险一方面是指由于国际经济前景不确定，引起的油价波动，给资源国政府或外国石油公司造成的损失；另一方面是指由于资源国政府对资本和收入出境的限制及货币兑换的限制，或由于资源国政府合同或财税条款反方向变更的威胁，或是受项目历年净现金流量折现值的影响，给外国石油公司造成经济损失的风险因素。汇率风险可归于经济风险，主要是指在国际海洋油气资源合作开发过程中，由于汇率波动，给外国石油公司带来的经济损失。当前，国际上通用浮动汇率制，金融市场汇率波动频繁，在国际海洋油气资源合作开发中，各种费用的支付一般是按资源国货币或其他一种乃至多种货币进行结算，而且国际海洋油气资源开发周期长，可能长达数年之后才能回收成本，所以外国石油公司往往作为合同中出资的一方，可能面临较大的风险。

在当今世界和平与发展的潮流下，我国和周边国家都面临发展本国经济、提高人民生活水平的任务，迫切需要在贸易、资金、技术和市场等方面进行合作。南海周边各国处于不同经济发展水平，客观上形成了"阶梯形结构"，互补性很大，合作有客观的基础和广阔的前景。通过南海各方的合作开发可以实现资源互补。如菲律宾、越南等国内石油紧缺，经过合作开发的安排，可以解决这些国家国内资源短缺的问题。同时，文莱、印度尼西亚和马来西亚等国通过石油出口，可以赚取外汇，并通过合作获得投资和技术。中国的海上石油勘探具备自己的能力，具有与发展中国家合作的基础。实行合作开发，可以弥补国内目前石油资源、资金短缺或技术不足等方面的缺陷，为我国经济建设创造一个和平有利的国际环境。

④法律风险。法律风险是指外国石油公司与资源国政府合作开发海洋油气过程中，由于资源国政府相关石油法律体系不健全、不明确，审批过程模糊，效率低下，法律稳定性较差等各种原因，给外国石油公司带来各种难以预料的麻烦，造成外国石油公司经济损失的风险因素。

从法律角度来看，国际上合作开发的实践，尤其是亚洲地区国家的实践可供借鉴。合作开发虽然本身并不作为一项国际法规则，但它作为在达不成划界协议时的一种临时性安排，符合《海洋法公约》有关规定和大陆架划界的趋势，国际法是予以鼓励的。合作开发的实践也表明，合作开发制度建立所需的法律架构已较成熟和完备，为合作开发的实现提供了有力保障。中国与南海周边各国对合作开发南海有一定程度的共识，在此基础上，中菲石油界于2003年签订了合作开发南海的意向书。2010年，中国与菲律宾还签订了合作勘探石油的合约。这些实际情况都证明合作开发具有可行性。

(2) 内部风险因素

在国际海洋油气资源开发过程中，既有源于企业外部的不可控因素所导致的风险，如上述的政治风险、地质风险、法律风险等，也有源自企业内部可控因素所导致的风险。对外国石油公司而言，由于内部风险具有可控性，所以管理者要增强风险意识，采取积极有效的策略控制内部风险的发生，争取将内部风险发生的可能性降到最低。内部风险主要分为以下几种：

①技术风险。国际海洋油气资源的开发，虽然同陆上油气资源开发有很多相似性，但毕竟有其特殊性，而且当前国际海洋油气资源开发已迈向深海，所以对国际海洋油气资源开发这种高投入、高风险、高技术行业，一定要防止由于技术能力有限、设备的错误使用和新技术的运用不当等带来的风险。

②人员素质风险。国际海洋油气资源开发作为一项大型的跨国工程项目，不仅在地质、地球物理、钻井、测井等方面需要许多技术人员，还需要诸如经济、外语、法律、商务等各方面人才。这里的人员素质风险主要包括一般工人素质、技术人员素质、管理人员素质以及监管人员素质等。这些人员在技术、效率、经验、责任心等方面的素质高低直接影响着油气资源开发项目的利润大小，甚至项目成败。特别是管理者的素质，在国际海洋油气资源开发这种大型跨国项目中，管理者不仅要有一定的油气资源开发领域专业知识，还要有一定的国际商务经验，在此过程中，往往对管理者在品德、知识水平和能力等方面要求很高。

③HSE风险。世界上诸如壳牌、BP、埃克森美孚等大型的石油公司都建立自己的HSE安全管理体系，意在减少在国际海洋油气资源开发过程中由于健康（H）、安全（S）、环境（E）可能带来的各种风险。HSE风险主要表现由于爆炸、海底溢油、机械伤害等造成巨大人员伤亡和环境污染，给资源国造成巨大损失，这不仅让企业承受巨大的经济损失，还有损企业的国际形象，降低企业的国际竞争力。比如在2011年6月，康菲石油中国有限公司和中海油旗下的蓬莱19—3油田发生两起溢油事件，造成了870平方公里海水严重污染，给我国造成巨大经济损失，作为外国石油公司的康菲公司不得不做出赔偿。所以合作双方都应不断完善HSE体系，减小HSE风险。

④合同风险。在国际海洋油气资源合作开发中，订立合同的双方，可能会面临各种有失公平、平等的风险，这些风险往往是由于信息不对称造成的。合同风险主要表现为合同内容不够明确精确或是当一方投入巨资之后，另一方放弃履行

合同的风险。这也属于道德风险的范畴。

⑤竞争风险。在国际海洋油气资源合作开发中，各种规模的石油公司不断涌现，据不完全统计，当今世界有90多个国际石油公司，这些国际石油公司利用在资源国的各种优势，形成本国海洋油气资源开发的垄断市场，禁止外国石油公司进入。另一方面，国际上有许多诸如壳牌、埃克森美孚、BP这样的大型石油公司，它们具有悠久的历史和良好的市场形象，而且在资金、技术、经验、设备等方面形成巨大的规模优势，所以在国际海洋油气资源开发竞标过程中具有很强的竞争力。

4.4.3 南海油气资源合作开发的制度效益改进

石油、天然气是不可再生的优质能源。南海周边其他国家近年来都将开发油气资源作为其重要战略目标，优先安排，重点发展。越南视油气资源为"最重要的资源"，1996年确定了"集中各种力量逐步使油气产业成为21世纪初国家发展战略中的尖端技术行业"的指导思想。经过20多年的经营，南海有关国家对油气资源的开发，已从试探性阶段进入商业性开发阶段，开发区域由南海周边海域不断向中国传统海疆线内推进。南海周边国家开始新一轮的"主权主张"，除主权之外，石油天然气这一稀缺战略资源的开发正是各国角力的焦点所在。各国对南海油气的开发呈四周包围中央之势，已经出油的区域主要分布在越南东侧、马来西亚东侧、印尼和文莱北侧、菲律宾西侧以及中国的南海北部，即靠近中国南部海岸线的北部湾海域和珠江口海域。这些油气勘探开发或临近各国海岸线，或位于大陆架上，开采难度不大，多属无争议地区。南海周边国家出于各自利益的需要，不断协调对南海问题的立场，企图以积极主张通过多边会谈或国际仲裁解决南海主权争端，并极力拉拢域外大国势力介入南海问题，除了在政治、外交上寻求支持，在军事上要求保护外，还在经济上以最优惠的政策吸引外国公司合作开发南沙油气资源，以加速南海问题国际化进程。

在越南、菲律宾、马来西亚等国在南海大肆采油之际，中国石油公司在南海资源最密集的南沙海域，却没有打出一口井。究竟是什么原因让中国石油公司在富庶的南海犹豫不前？中国在南海油气勘探开发上一直面临双重考量：是"维权"还是"维稳"。如果要开采中国主张的南海腹地油气资源，难免与南海邻国进一步发生摩擦。到目前为止，中国政府还是克制维稳为主的态度。另外，中国海岸线与南海最远距离有3000多公里，难以保障人力物力的供给，也是中国石油公司迟迟未进军南海腹地的重要原因。南海问题错综复杂，为了使我国南海的主权不受侵犯，我国应尽快从"维稳"态度向"维权"态度转变。

由于技术能力和资金原因，东南亚各国的南海油气资源开发也基本由国际大石油巨头主导。在周边国家中，越南在南海的开发最为激进。1975年美孚石油公司在越南南部海域发现了石油。20世纪80年代，越南国家石油与天然气公司（PetroVietnam）和苏联石油公司Zarubezhneft成立合资公司Vietsovpetro，合作开发白虎油田。白虎油田至今仍是越南第一大油田，一度占越南原油产量的一半。2015年，越南原油日均产量为33.7万桶。我国在南海资源开发上释放的善意和诚意，南海周边国家并不理会，他们自知无法与我国"单打独斗"，抓住东盟组织扩大的机会加强了其集体协商机制。尽管越南、菲律宾、马来西亚、印尼等国相互间也存在主权和资源开发的分歧，但只要涉及与我国的争端，东盟有关国家就迅速协调立场，以组成事实上对抗我国的联合阵线。南海资源开发斗争在大框架上已经形成了"多对一"，即以东盟相关国家联合对抗我国的态势。与国际海洋合作开发的成功案例相比较，南海油气资源合作开发有其特殊性。迄今国际实践中合作开发的涉及者都是两国，而南海却涉及六国七方。国际上合作开发涉及的区域都是一个岛或小面积海区，而南海却涉及一个群岛和大片海区，因而在南海进行合作开发就更为复杂。

合作开发是解决南海争端和资源合理利用的良好机制，但需要各国政府有政治意愿，推动合作。一般而言，在解决一个涉及多国的国际争端中，由于意见难以统一，多边协商的复杂程度高，多边机制的建立往往需要一个长期的过程。相对于多边协商，双边的谈判更容易取得成功，双边的合作也更容易得到开展。因此，可以考虑将构建双边对话与合作开放性框架运用于解决南海油气资源的合作开发问题。南海局势总体上保持稳定、可控，但也呈现出稳中趋紧的发展态势。近年来，南海区域军备竞赛加剧，围绕南沙油气勘探与开发活动诱发局部海上摩擦事件等，给南海地区及周边的资源开发安全带来了威胁。构建一个制度性的利益保障机制，是解决南海问题和实现资源共享的重要突破口。南海周边各方除了加强南海事务性磋商与机制建设、有效管控冲突与分歧外，应深入协商制定切实可行的合作开发计划和利益分享计划，尽可能确保合作过程的连贯性和可持续性，同时协调和约束各方的权利义务，为深化南海油气等资源的合作开发打下更为坚实的基础。如各国可以采取PSC（产量分成合同）合作开发模式。即，资源国以资源出资，具备技术能力的公司负责勘探开发并承担风险，收回成本后，双方再按比例分成。近年来通过领导人加强互访和积极参与对话，我国与东盟各国就南海主权和资源开发问题的会谈交流正日益增多，增强了东盟各国对我国的信任感，特别是中国参加了《南海各方行为准则》磋商过程，使东盟国家对我国在南海资源开发中所持态度有了进一步的认识，有利于我国在围绕南海油气资源开发中发挥主导作用。

4.5 南海油气资源合作开发模式中其他考量问题

迄今为止，无论是中国、菲律宾、越南三方的地震工作协议，还是中越的《北部湾油气合作协议》，都是意愿性的表示，未规定具体的权利义务。从性质上说属于自我实施的协议。所谓自我实施的协议，是指条约"基本依靠缔约国对各自义务的履行，并没有正式国际组织的监督或其他形式的参与"[①]。自我实施的协议具有自我实施性、非强制性和脆弱性的特点。这些协议对国家只构成表面上的约束而没有影响实际利益的分配。从长远来看，南海油气资源合作开发需要一定的制度来规范各方的权利义务。今后，在与南海周边国家就合作开发问题进行的谈判中，制度的设计和安排是需要落实的内容。

从其他海域关于油气资源开发的国际实践来看，对主权问题的处理、第三方地位和角色的处理、合作开发区的划定、合作开发区的管理机制、开发方式、费用负担与收益分配、税收制度、管辖权的分配及法律适用、海洋环境的保护和污染的防治以及争端解决程序、合作开发的有效期及其终止等都是南海油气资源合作开发合作机制需要处理的问题。我们认为，鉴于南海错综复杂的形势，岛礁主权与海域划界争端相互交织，必须首先对涉及参与国核心利益的几个关键问题做出合理的安排。

4.5.1 岛礁主权和划界问题的立场

合作开发是划界协议达成前双方为了实现资源的有效利用而做出的一种临时安排。在合作开发协定的谈判及实施过程中，当事国一般都希望保留自己对有关海域划界的立场和主张，这点在争议海区的合作开发中显得尤为突出。因此，双方需要在彼此承认主权和划界争议的基础上搁置争议、冻结主张。这种做法体现在合作开发协定中，就是订立"不影响主权或划界立场的条款"。我国提出的"搁置争议，合作开发"的思想虽然主要是针对与周边国家存在岛礁主权和海域划界争端的事实，但是这与合作开发的特征是完全吻合的，即肯定了合作开发作

---

① 田野. 国际关系的制度选择：一种交易成本的视角. 上海：上海人民出版社，2006：138.

为一种功能性的临时安排而不影响各方在主权归属和划界问题上的立场。2010年中国社科院亚太研究所出版的"亚太蓝皮书"指出,国际社会对中国的炒作从"中国威胁论"到"中国责任论",从"利益相关者"到G2,在一定程度上又加剧了周边国家对中国的猜疑和担忧。G2这一概念是由美国著名经济学家弗雷德·伯格斯滕提出来的,是指由中、美两国组成一个Group(组织)来代替原有的八国集团(简称G8),以携手合作解决世界经济问题。2009年G2成为国际社会的一个炒作热点,导致一些周边国家试图推动区域内大国和引入区域外大国来平衡力量或制衡中国[①]。在这种情势之下,在与南海周边国家的油气资源合作开发协议中,更有必要写入"不影响主权或划界立场的条款",表示合作开发活动并不影响合作开发方对南海岛礁主权及划界问题的主张,以表明我国合作开发的诚意和决心,打消其猜疑和顾虑。

另外,合作开发的前提是存在主张重叠的区域。存在主张重叠的区域就必然存在划界争端,因此,要对争议区域的石油资源进行合作开发就要妥善处理合作开发与划界争端的关系。相关国家都不愿意放弃自己对争议区域的主权主张,正因如此,加之划界方法和原则的不确定,划界勘察、技术的障碍等,划界问题的解决往往非常困难。为及时地获取争议区域内的资源利益,有些国家则将争议暂时搁置,转而寻求合作开发。但是有关国家愿意在争议区域进行石油资源合作开发,合作开发协定和具体合作开发活动的进行,并不意味着任何一方放弃或改变其对争议区域的权利和要求的立场,也不意味着任何一方承认或支持另一方对该争议区域的权利和要求的立场。争议区域石油资源的合作开发是功能性的临时安排,是合作开发合作国为获取在争议区域的石油资源利益而采用的措施,对其他国际法问题不产生影响,该区域的所有国际法状态均不因合作开发而改变。

合作开发争议区域的石油资源,并没有改变该区域存在的重叠主张,并不能替代最终的划界,相关国家间关于争议区域的主权权利归属等问题的争议仍然存在。合作开发的各国应继续为达成划界协议做出努力,各国在进行合作开发的同时,应积极谈判、协商,努力达成大陆架最终划界的协议,以期最终解决划界争端。我国要与他国合作开发争议区域的石油资源,就必须处理好合作开发和划界争端的关系。一方面,我国要积极与相关国家进行磋商,相互谅解,诚信合作,努力促进合作开发的实现以及合作开发的顺利进行;另一方面,我国还要坚持自己对争议区域的立场和主张,坚决表明自己不接受合作方对争议区域的立场和主

---

① 张然. 中国面临3大安全风险源:周边国家对华猜疑加剧. [2011-04-07]. http://news.dayoo.com/china/201004/07/53868_12447964.htm.

张。在此基础上，积极就划界问题进行谈判、协商，努力实现最终的划界。

4.5.2 南海油气资源合作开发区的范围划定

划定一个地理区域作为开展合作开发活动的范围，这是合作开发制度最基本的一个方面。我们认为，在南海目前的形势下，要解决合作开发区划定这一复杂的具体事项，应本着从实际出发，先易后难、循序渐进的原则。首先，我国应先采取实际性开发战略，投入一定的人力、物力和财力，适当加强资源勘探和开发的力度，形成一定独立规模开发的局面，以便为日后合作开发增加必要的筹码。开发的区域可以在争议不十分突出的南薇滩。南薇滩两侧的安渡盆地和南薇盆地有良好的油气资源潜力。南薇滩大部分位于马来西亚、印度尼西亚和文莱宣称的大陆架界线范围以外，也在菲律宾所谓的"卡拉延自治区"和越南主张的200海里专属经济区之外，在此进行先期油气资源勘探开发，可避免与有关国家发生强烈摩擦和争议。之后，再以此为基地，推进与相关国家的合作开发。一般而言，在解决国际争端中，双边的谈判更容易取得成功，多边机制的建立往往需要一个长期的过程。

（1）"九段线"内岛礁及其12海里领海

在南海"九段线"内有东沙、西沙、中沙和南沙四个群岛。其中东沙群岛距离高雄仅有240海里，由台湾实际控制；西沙群岛在1974年1月19日爆发的中越西沙海战中被中国军队收复，并将越军驱逐出了整个西沙群岛并管辖至今。而中沙群岛几乎全部隐没于海面之下，距海面10～26米，只有黄岩岛南面露出水面，在黄岩岛海域，黄岩岛原由菲律宾实际控制。南沙群岛是中国南海四大群岛中位置最南、岛礁最多、散布最广的群岛，形势也最为复杂，中国大陆、中国台湾、越南、菲律宾和马来西亚分别占领了部分岛礁。

中国基于国际法领土取得原则之一的"先占"原则而取得上述四个群岛的主权，相关的证据是相当充分和详实的。对于其他国家侵犯我国领土主权的行为，我国一方面应当对这种行为进行强烈的抗议，另一方面也要通过多种解决方式，包括双边和多边的谈判协调、调停、斡旋和调解，当然也包括当事方均认可的真正意义上的国际仲裁和国际裁判等司法方式。我国对"九段线"内的岛礁和12海里领海都行使完全的主权。但为了顺利推行合作开发，我国也可以做适当的让步。

(2) 符合《海洋法公约》规定的岛屿的专属经济区和大陆架

南海"九段线"内分布着众多的岛礁，但真正符合《海洋法公约》第121条能够拥有专属经济区和大陆架的"岛屿"却很少，可能仅包括东沙群岛的东沙岛，西沙群岛的永兴岛和南沙群岛的太平岛等有限几个岛屿。① 正如上述所言，在确定"九段线"内岛礁和12海里领海主权的基础上，我国自然而然可以主张相关"岛屿"的大陆架和专属经济区的完整主权权利和管辖权。对此，中国可以找到明确的海洋法依据。

在这个区域内，中国可有条件地与相关国家展开合作开发的谈判：

第一，相关国家必须提交其完整的权利主张及依据，根据《海洋法公约》和相关国际法对其主张进行检验，驳斥类似马来西亚声称的"对争议岛礁拥有主权的依据是因为岛礁在其专属经济区内"这种违反国际法的要求。

第二，根据相关争议各方的权利主张，划出争议海域，为合作开发区域的确定做好准备。在划界的原则上，中国应该坚持一贯的大陆架自然延伸与"公平/特殊情况"准则。

第三，本着先易后难的原则，可以优先对争议方较少的，特别是仅存在两个国家之间的争议海域进行合作开发的谈判。先在争议海域中划出争议最少的区块进行开发，并声明这个区域的确定不代表双方对对方权利主张的认可，再慢慢把争议海域全部划为合作开发区。

(3) 南海"九段线"内的其他海域

1998年中国颁布的《中华人民共和国专属经济区和大陆架法》第14条规定："本法的规定不影响中华人民共和国享有的历史性权利。"这种比较模糊的表述方式似乎是在为我国对南海地区主张所谓"历史性权利"找寻一个国内法依据，但由于"历史性权利"概念本身就没有明确的定义，加上官方从来没有就这一区域内主张何种权利做过明确的说明。故而很难推断中国对南海"九段线"内非前述海域提出过明确的权利要求。

"历史性权利"出自《海洋法公约》第15条和298条第1款，被用来当作划界的特殊情况加以考虑，但《海洋法公约》中并未给出明确的定义。在国际习惯法和海洋法相关理论中，对于"历史性权利"也没有完整的理论阐述。尽管

---

① 黄伟. 论中国在南海U形线内"其他海域"的历史性权利[J]. 中国海洋大学学报（社会科学版），2011 (3): 37.

有学者认为"历史性权利"主要包括有实施管辖和容忍义务等。对于在这一海域主张权利,我国还有很长的路要走:

第一,对"历史性权利"概念的完整解释需要进行大量的学术研究。对周边国家所坚持的主张要予以分析驳斥。如根据国际惯例 50 年以上没有在相关区域进行民事活动就算作该区域的实际控制者拥有其主权。这种主张没有说服力,与公认的法律原则"不法的侵占行为不产生合法权利"相违背。

第二,通过在相关海域长期反复的相关行为来主张自身的权利,以获取相关国家和国际社会对于我国在该海域权利的认可。如在相关海域的各种维权和执法行动。从现实角度来看,如果主张"历史性权利"对于资源的排他性占有或者独自的开发利用,那么相关各方的认可是不可能轻易获得的。

第三,适时对其他相关海域正式提出"历史性权利"的主张,并对此种权利进行解释说明。鉴于南海其他国家对于相关海域的权利主张基本都是将其划为大陆架和专属经济区,比中国提出的历史性权利的排他性要弱得多,留给别国的空间也比较大,这样其他国家较容易接受中国的此种权利表述,但同时对一些应当被尊重的例如捕鱼权等,还是要坚持获得其他国家的一致认可。

总之,在这个区域,中国可以在坚持"搁置争议,共同开发"这一基本政策的前提下,灵活运用各类外交和法律手段,理性地和其他国家开展合作,在进行合作开发的区域划定时要灵活地运用各种策略,适当妥协。

4.5.3 南海油气资源合作开发的先存权处理

先存权(pre - existing right)指合作开发区建立之前,签约一方在原有争议海域地区勘探开发期间,已经授予第三方所属经营机构勘探开发许可权,允许其参与该有争议海域的合作开发活动,由此而使第三方对该地区获得某种经营开发的权利。国际上对于合作开发中"先存权"的问题处理有两种方式:

第一种方式是合作开发的协定各方不承认合作开发区域内的现有任何一方所颁布的许可证和由此带来的先存权,而要求其在新协定的框架内,重新申请新的许可证参加勘探和开发活动。1974 年苏丹和沙特对于红海油气资源合作开发的协定中就采用了这种方式。而 1978 年的日韩合作开发协定则采取了一种更灵活的方式,一方面在协议中没有承认先存权,但另一方面根据双方协定,日韩两方都是合作开发区许可证的颁发者,其可以向原先的开发单位重新颁发许可证。通过这样一种方式,既从法律上避免了对先存权的承认,又不需要去改变原先的开发者的法律地位,从而加快了合作开发的效率。第二种方式是明确承认先存权。

如 1979 年《泰马谅解备忘录》第 3 条第 2 款规定："联合委员会的权利和义务不影响或削弱任何一方迄今发出的特许证或执照协议。"南海争议海域有相当广泛的先存权问题。在争议区域进行石油资源的合作开发，必须重视先存权的存在。首先，先存权的存在可能阻碍合作开发协议的达成。在争议的国家中，如果有一方或者双方都向经营实体发放了许可证，则可能导致双方在主权权利问题上的立场更加强硬，不利于达成合作开发协议。其次，一旦有关国家订立了合作开发协定，设立了合作开发区域，会对先存权产生直接的影响。各国对于另一方在达成合作开发协定前，单方面授权勘探开发的行为都持抵触情绪的，未授权的一方一般都不愿意将拥有先存权的经营实体吸收到合作开发中，而要求将合作开发区域恢复到无任何先存权存在的早先状态。

越南、菲律宾、马来西亚、文莱、印度尼西亚等国在南海年采石油产量达 5000 万吨，而中国一直未能进行大规模的开采。相比之下，我国在南海争议区域的实际存在和经济活动却十分有限甚至没有。这就形成了在南海争议区域内，他国向经营实体发放了经营许可证而我国未发的情况，必然导致没有向经营实体颁发许可证的我国处于不利地位。如何处理好争议区域内已有的他国授权经营实体的先存权，对于在先存权问题上处于不利地位的我国来说尤为重要。

我国在与他国进行合作开发谈判时，就应对先存权问题加以专门的处理，对先存权问题达成一致。我国应承认拥有先存权的经营实体的客观存在，但不可当然地承认争议区域内的先存权的继续有效。应当要求具有先存权的石油公司在合作开发协定规定的新条件下参加开发活动，原许可证持有人如能满足合作开发协定规定的条件，可以重新发给许可证，参与合作开发。这样一方面明确了先存权的法律地位，另一方面又表现出一定的灵活性。

4.5.4　南海油气资源合作开发的主体适格性判定

南海油气资源开发过程中，也可能会引发各种争端，这种争端有可能发生在国家之间，也有可能发生在私人公司与国家之间，还有可能发生在私人公司与私人公司之间。只有明确了南海油气资源合作开发的主体适格性问题，这些争端才会通过正当的途径得到解决。合作开发是国家之间的合作行为，狭义的合作开发主体仅限于国家，即只有主权国家具有主体适格性[1]。共同开发是政府间基于协

---

[1] 主体适格，一般是指在特定的法律关系中，当事方享有权利并承担义务的法律资格。所以，在分析主体适格性时，离不开特定的法律关系。

议的开发，同时排除了政府与私人公司之间的合作开发。而广义的合作开发则包括国家，也包括其他经济实体，也就是说主权国家和其他经济实体均具有合作开发的主体适格性。合作开发的主体可以是两个或两个以上国家的合作开发，也可以是一个国家在其管辖之下的合作开发。我国学者潘石英认为，合作开发是两个或两个以上的行政单位，对某一地区的自然资源所进行的勘探与开发活动。由于任何国家的国内法空间效力仅限于其领土之上，所以，在合作开发中，各国仅能就其领土范围内的合作开发问题进行规定。而对于主权尚未确定的或处于争议之中的领土，各国国内法的效力要受到限制，对这类区域的合作开发问题，不能也不可能在国内法层面得到解决。从国际法的理论上分析，国际法只调整国家之间、国际组织之间、国家与国际组织之间的关系。因此，在国际法层面的合作开发中，国家是唯一的适格主体。国家虽然具有国际法层面的合作开发的主体适格性，但并不意味着任何国家可以参与任何地区的合作开发。关于这一点，在合作开发的理论和实践中均得到了证明。

就合作开发的实践看，合作开发也印证了相邻权理论。1960年，捷克斯洛伐克和奥地利签订了合作开发协议，该协议主要是解决两国边界的共有天然气矿藏问题。该合作开发是在其边界线已经划定，没有领土争议的情况下进行的。两国约定，按照其边界线一侧的矿藏占资源总储量的比例进行开发，同时按照相应比例分享开发所得产品。1962年，荷兰与联邦德国也签订了合作开发协议，该协议用于开发两国存在主权争议的埃姆斯河口区域的天然气资源。根据协议，在跨越两国间临时分界线的格洛宁根天然气田建立一个合作开发区，双方在临时分界线一侧进行开发，开发的收益和费用由双方平等分配。

南海蕴藏着丰富的油气资源，其周边国家包括中国、越南、菲律宾、马来西亚、文莱和印度尼西亚等六国都在积极参与南海油气资源的开发活动。从上述南海油气资源的开发现状可知，南海油气资源一部分是位于没有争议的南海周边国家的领土范围之内，而另一部分油气资源却位于存在领土争端的海域之中。因此，对于南海油气资源开发的主体适格，也应从两方面进行分析。对于没有争议的海域，各主权国家有权利确定油气资源合作开发的适格主体，从各国的实践看，这些主体既包括本国政府，也包括本国的石油公司，同时还包括外国的石油公司。这些主体的适格性问题，由这些国家的国内法决定。对于争议海域，任何国家不能单独开发，在合作开发时，主体适格性问题需要寻找国际法依据。从总体上讲，中国、越南、菲律宾、马来西亚、印尼和文莱都具有南海油气资源合作开发的主体适格性。但如果将南海区分为不同的权利重叠海域，其具体的主体适格性还需要进一步确认。区域外大国干预南海油气资源开发活动由来已久，所以明确南海油气资源合作开发的主体适格性问题，可以从法律的角度首先明确排除南海海域外的国家成为南海争议海域油气资源合作开发的主体。其次，必须排除东盟国家集体干预南海问题。东盟作为一个区域性的国际组织，无权干预南海问题，更无权将南海问题扩大化。所以，南海油气资源合作开发中，东盟无权作为当事方参与其中，其对南海问题所做出的意见或建议，并没有国际法上的约束力，因为东盟在南海油气资源合作开发中不具备主体适格性。

合作开发其实是弱化国家主权的一种处理方式，是国家主权或主权权利的一种相互妥协契约，因为合作开发的客体是特定海域里的矿产资源，而沿海国对主张专属经济区或大陆架的一个最重要内容便是开发该海域的自然资源。南海油气资源的合作开发是在一个复杂、不断变化的环境中进行的国际石油经济协作活动，它与一国之内的不同地区、不同部门及不同企业之间的石油经济协作活动有很大的不同。在某种意义上，主体间的选择与联合对南海油气资源的合作开发起着决定性作用。南海油气资源的合作开发在主体具有适格性的前提下，国家间海洋资源开发面临着合作开发联盟的建立问题。这种联盟意味着两个或两个以上的国家利用现有的技术、资源、资金等达成合作开发海洋资源的某种契约，并承诺彼此遵守契约的约束。在合作开发的海域，相关各方存在资源竞争的关系，如果各自开发，不仅开采成本过高，在一定程度上也会导致过度开采资源的现象出现。但是，若采取合作，建立合作开发联盟，则可以实现资源互补，降低开采成本，增加收益。而合作开发的约束机制建立之后，参与者就面临联盟的维持问题。建立稳定的联盟关系将会促进合作，减少恶意竞争，获得更大收益。在博弈中，只要合作给两个国家带来的收益是正的，那么，国家将采取的最优策略组合就是合作策略。可以看出两国在合作开发联盟的约束下存在竞争合作的关系，并且这种竞争合作随着联盟的建立、发展而不断变化强弱关系。就是其他条件不变的情况下，两国合作开发的投资回报率越大，投入和利益分配比例越合理，合作开发海洋资源的合作可能性就越高，合作开发就越稳定。

4.5.5 对各方主权或划界立场第三方的处理

当前，周边国家在南海海域的开发活动非常频繁。截至2012年，越南、菲律宾、马来西亚、文莱和印度尼西亚等国，已经与埃克森美孚、英荷壳牌等200多家西方公司在南海海域合作钻探了约1380口钻井，其中大部分位于南海争议海域①。如澳大利亚和印度尼西亚签订的《帝汶缺口条约》指出："条约的任何内容以及条约的有效期内任何行为和活动都不应有损于缔约国任何一方在划定大陆架界线的立场、也不应影响缔约国在合作区内的主权立场。"在争议海域进行合作的第三方可有以下三种：根据国际法，任何第三方国家在合作开发区所在海域享有航运等其他方面的权利；特定的第三方对合作开发区所在海域曾宣示主权，对于两国达成的合作开发共识产生抗议；在两国进行合作开发之前在此海域内进行开发活动的石油企业。如何处理第三方问题，应该慎重：一是回避第三方，马来西亚和越南建立的合作开发区就避开了第三方的存在。在不与第三方发生争议的海域进行开发。二是排斥第三方，印度尼西亚和澳大利亚合作开发东帝汶海案例中，葡萄牙提出了抗议，但是双方均无视葡萄牙这个第三方的存在，签订了合作开发协定。但是这种方法可能会对以后的合作开发活动产生不利影响，因此，也不能一味地排斥第三方的存在。三是引入第三方，即在合作开发机制中加入与第三方相关的内容。允许第三方加入，这可能是明智之举。

基于此，我国作为南海资源开发的后期加入者，如何处理拥有先存权的第三方问题要格外慎重。不承认第三方的先存权固然有利于海洋权益的维护，但是必然影响到周边国家及其他区域外国家的既得利益。对于已经先行开发的周边国家而言，本来就不存在与中国合作开发的紧迫性。如果否认其先存权，可能会对合作开发造成严重的障碍。因此，如果某周边国家已经投入开发运作的油气田被划入争议海域合作开发区位内，在双方一致认可的情况下，合作开发区建立之前签约的开发商应能继续经营这些油气田，同时依据商业开采方式与要求，同我方开发商协商未来新开发油气田的运作方式。我们可以考虑像1971年日韩合作开发协定中灵活的处理方式，即在合作开发的协议中并不明确规定承认先存权，但是在实际操作中，可以规定我国与其他合作开发的合作方都有向各分区颁发许可证的权利。虽然这可能有利于原有的许可证持有人，但是通过这种方式，也能让我方的石油公司加入到合作开发的进程中来，从另一方面也可减少与周边国家开展合作开发的阻力，增进争端各方的彼此信任。

---

① 于冬. 南海矗立千余外国油井，中国未得一桶南沙油. 国际先驱导报，2009 - 08 - 25.

5 南海油气资源合作开发的战略对策

1990年国家主席杨尚昆在出访印尼时,向国际社会重申了中国政府在南海争端问题上"搁置争议,共同开发"的立场,此后我国一直派人参加由印尼主办的非正式、非官方的"处理南中国海潜在冲突研讨会",大力宣传和平解决南沙争端以及"搁置争议,合作开发"等主张,南海争议各方逐渐认同了"合作开发"这一原则并体现于《东盟关于南中国海问题的宣言》和《南海各方行为宣言》等相关文件的签订。随着争议各国对运用合作开发原则去解决南海争端问题达成共识,各国政府、学者及包括关注南海局势变化的研究机构与国际学者开始对如何具体运用实施合作开发原则提出了各自不同的观点与方案。2013年,国家主席习近平访问东盟国家时提出了建设21世纪海上丝绸之路的倡议。这是习近平基于历史和现实,为进一步深化中国与东盟的合作,构建更加紧密的命运共同体,为双方乃至本地区人民的福祉而提出的战略构想。同时,"21世纪海上丝绸之路"是我国在世界格局发生复杂变化的当前,主动创造合作、和平、和谐的对外合作环境的有力手段,为我国全面深化改革创造良好的机遇和外部环境。海洋是各国经贸文化交流的天然纽带,共建"21世纪海上丝绸之路",是全球政治、贸易格局不断变化形势下,中国连接世界的新贸易之路,其核心价值是通道价值和战略安全。尤其在中国成为世界上第二大经济体,全球政治经济格局合纵连横的背景下,"21世纪海上丝绸之路"的开辟无疑将大大增强中国的战略安全,符合中国与东盟各国的共同利益和共同要求,也是中国针对美国"亚太再平衡"实施的一项中期周边策略。

1988年9月,菲律宾众议院向总统提出的一项议案中建议在南海中划定一条中界线用以分割南海,该方案即是菲律宾中间线方案,又被称为"北海模式"。随后,在1992年的第25届东盟外长会议上,越南也提出自己所谓的"U形方案"。此后,印尼更是在"U形方案"的基础上于1994年提出了用以解决南海争端问题的"环形方案"。与此同时,一些西方学者也表达了自己对于解决南海争端的想法,如来自美国夏威夷东西方中心高级研究人员马克·瓦伦西亚所提出的

"瓦伦西亚方案",还有国外学者建议将南极条约模式运用在南海合作中等。

无论是中间线方案、U形方案、环形方案,还是瓦伦西亚方案与南极条约模式都有一些合作相同点,即冻结主权争议,把南海作为"无主地"由南海周边争议各国进行重新分配,分配余下的南海中部的公海,或者作为合作区使用,或者建立海洋公园区。上述这些方案都无视南海主权国即中国的合法权益,中国拥有对南海海域的完整、充分的管辖权,任何对南海的军事占领和资源掠夺,都是非法的。中国提出的搁置争议,与有关争议国家通过协商来对南海进行合作开发,绝不是任由南海争议各国先对南海海域进行分割,然后再来谈论合作开发的问题。

国内外还有很多学者对解决南海争端、合作开发南海资源进言献策,提出种种法律方案,本章结合国内外关于南海油气资源合作开发的方案与设想,对合作开发南海油气资源提出一些具体策略。

5.1 完善我国南海主张与立法,构建合作开发法律机制

自《联合国海洋法公约》(以下简称《公约》)生效以来,国际海洋划界争端陡然加剧。其根源主要在于《公约》关于海域划界的原则规定笼统而又含糊,导致各国对海洋划界原则的理解和适用产生巨大分歧,沿海邻国各持己见。《公约》规定:专属经济区从测算领海宽度的基线量起,不应超过200海里。但是测算领海宽度的基线,各国划法不一,这就造成了重叠区域。南海周边国家必须严格遵守《公约》,对于笼统含糊的规定,当事国应当在最后的多边谈判中合作商榷,采取一致的划法,这是确定争议区的前提。只要本着公平公正的原则,这一问题就可以得到解决。此外,还应以国际法为根本。按照国际法的规定,南海问题应当遵循国际法原则。中国在南海行使权利的证明,可观察1946年以前的事实。中国早在宋代就已对南沙群岛行使行政和司法管辖权,而越南、菲律宾、马来西亚、文莱等国则是20世纪50年代才开始对南海岛屿提出主权要求。衡量中国对南沙群岛行使主权,应以中国取得这些权利时期的当时国际法为准。所以,南海周边国家提出的发现原则、先占原则缺乏有效证据,只有我国对南海岛屿享有领土主权及其他相应的主权权利毋庸置疑。

同时必须认识到:周边国家的海洋主张即使无理,也是一种"主张",我们无权阻止他国发声,但必须予以驳斥和揭露。在重申我们对南海拥有无可争辩的主权外,我们要将南海的海洋主张公之于众,对属于我国海域主权范围予以明

确，含糊其辞容易引人遐想，不利于我们自身利益的维护。此外，海洋环境的保护已经成为国际社会普遍关心的问题，可持续发展原则是海洋环境保护法中一项新原则，已经有越来越多的国际环境法律文件承认和体现其思想。可持续利用的核心是经济和社会发展不能超越资源与环境的承载能力。① 海洋资源的可持续发展，成为海洋开发所必须遵循的指导方针。因此，在南海争议区油气资源合作与开发的过程中，必须以可持续发展为指导，以国际法和《公约》为基础赋予立法的高度，加强海洋环境保护的立法以及执法力度。

首先，应该借鉴国际的成功经验，我国率先构建海洋资源可持续发展法律制度体系，正确处理油气资源开发与环境保护的关系，做到有法可依、有法可循。从国内法律层面保障海洋资源的开采，2016年2月26日，通过了《中华人民共和国深海海底区域资源勘探开发法》，以规范深海海底区域资源勘探、开发活动，推进深海科学技术研究、资源调查，保护海洋环境，促进深海海底区域资源可持续利用。为了有效地实施"搁置争议，合作开发"战略，有必要尽快制定相关法律，将"搁置争议，合作开发"战略的根本目的、战略实施的指导思想、实施原则、实施主体、实施措施、步骤、方法、途径、责任等以法律的形式固定下来。在此基础上，修改和完善现有的相关立法，形成以《实施"搁置争议，合作开发"战略促进法》为中心的我国领土、领海主权争端解决和维权的法律体系。这样，既可以从国内法上保障"搁置争议，合作开发"战略的实施，使我国维护海洋权益的行为有法可依，有助于防范周边某些国家对我国领土和领海主权的侵犯，避免已有争议升级化、复杂化和国际化；同时，又有利于消除有关国家对我国处理海洋争端战略变化的担心，从而更好地保障我国的领土和领海权益。②

其次，"搁置争议，合作开发"的前提是拥有强大的海洋执法队伍。这些队伍可以有效地维护我国海洋主权，彰显我国海洋维权决心和能力。我国现行海上执法力量分散，重复检查、重复建设问题突出，执法效能不高，维权能力不足。为加强海洋资源保护和合理利用，维护国家海洋权益，有必要整合海上执法力量。根据中国共产党十八届二中全会会议精神要求，按照新一轮"大部制"改革方案及《国务院机构改革和职能转变方案》重组，国家海洋局以中国海警局名义开展海上维权执法，接受公安部业务指导。方案提出将现国家海洋局及其中

---

① 屈广清，曲波．海洋法．2版．北京：中国人民大学出版社，2011．
② 张晓君．实施"搁置争议，合作开发"战略的法律机制探究．暨南学报（哲学社会科学版），2010（2）．

国海监、公安部边防海警、农业部中国渔政、海关总署海上缉私警察的队伍和职责整合，重新组建国家海洋局，由国土资源部管理。主要职责是，拟订海洋发展规划，实施海上维权执法，监督管理海域使用、海洋环境保护等。整合之后海洋执法力量更加集中，便于海洋执法效力的发挥。

中国在南海争端问题上所推行合作开发原则主要体现在与南海周边国家合作发表或签署的联合宣言、联合声明、联合公报和联合新闻公报等文件中。例如，2000年中菲两国政府《关于21世纪双边合作框架的联合声明》第九条、2004年中国与文莱《联合公报》第十一条、《中越联合声明》第六条。此外，我国与东盟就南海问题也发表了联合声明和合作宣言。如1997年中国与东盟《联合声明》第二条、第八条，2002年中国与东盟《南海各方行为宣言》第一条、第四条、第五条、第六条、第八条等[①]。

就《南海各方行为宣言》来看，虽然其形式似乎具有一定的法律效力，但是文件内容所涉及的主体并不明确；所规定的权利义务太过原则化，缺乏制度性；存在过度强调"搁置争议，共同开发"原则，缺乏职责落实、责任监督与制裁惩罚的具体内容，过分强调协商对话的方式而造成严重自我束缚等问题。在涉及南海油气资源开发的问题上这些文件所能发挥的作用非常有限。2017年中国与东盟部长级会议通过了《南海各方行为准则》框架，促进南海周边国家的海洋合作，以共同维护南海地区的稳定。准则的框架侧重于增进互信，强调各国在南海的共同利益，对合作开发分歧和争议性议题还是没有涉及。

因此，构建南海油气资源合作开发的法律机制显得十分必要。海南大学邹立刚教授等学者曾对法律机制的构建作了初步的探析[②]。为了使在争议区域合作开发油气资源做到有法可依、有章可循，必须建立和完善法律机制，对合作开发的基本要素用法律形式加以确定，为今后一些重大问题的解决奠定法律基础。

(1) 合作开发的适用主体

依据《联合国海洋法公约》规定，南海争端问题实施合作开发的适用主体只能是现有海权主张重叠的争议各方，也就是我们通常所提到的"六国七方"。区域外国家，如美、日、澳、印等国不具备在南海适用合作开发原则的主体

---

① 张晓君. 实施"搁置争议，合作开发"战略的法律机制探究. 暨南学报（哲学社会科学版），2010（2）.

② 邹立刚 叶鑫欣. 南海资源合作开发的法律机制构建略论. 河南政法管理干部学院学报，2011（1）.

资格。

现今，一些域外国家的石油公司已经涉足南海油气资源勘探开采，这就存在着第三方先存权的处理问题，国际上存在着两种解决方法：其一，明确承认先存权的存在。其二，不承认先存权的存在，而是通过具有合作协议或者许可证的第三方在新的条件下参与勘探开发。针对南海的现状，可以考虑在合作开发原则实施的协议中不明确规定承认区域外国家的先存权，但是在实际操作中可以规定具有主体资格的各方有与其他区域外国家合作开发的权利。通过这样的方法可以缓和现有矛盾，同时又能使我国的石油企业顺利加入合作开发的实施进程中。

（2）合作开发区的划定

以构建双边对话与合作开放性框架为基础，着手考虑划定不涉及第三方争议的争议区域双边合作开发区。将双边对话与合作机制引用到南海油气资源开发中，我们可以考虑先在仅涉及两个国家的争议区域建立双边性合作开发区，在条件成熟时再扩展到多国的争议区域。

根据南沙群岛含油气盆地分布特征及合作开发的难易程度，可选择的合作开发区为：南沙海域东部的礼乐滩仅与菲律宾有争议，可与菲律宾合作开发；南部的文莱—沙巴盆地和曾母暗沙盆地与马来西亚或文莱有争议，可考虑与马来西亚或文莱合作开发；万安西盆地仅与越南有争议，可与越南合作开发[①]。

（3）合作开发的管理模式

合作开发原则的初衷是搁置争议，争议各方通过合作达到共赢。但由于各国各地区间环境等因素的差异，各国实行的合作开发模式也具有各自的特点。总的来说，国际上合作开发模式主要有以下几种：

第一种是代理制模式。签约双方中的一方代理另一方，对有争议区域的开发活动进行全面管理，其经营活动可以像在本国领土范围内一样，采用本国的经营许可证管理程序，同时向被代理方支付半数的收入。

第二种是联合经营模式。双方政府签署协议，授权各自的租让权人进入合作开发区，在政府协议下，由双方租让人订立合作经营协定，以合资机构的形式对合作开发区进行开发。租让人全面负责其中的经营活动，并且对各自政府负责。该模式在国际实践中比较多见。其主要优点在于可以有效地克服不同国家行政、司法与立法的差异性。

---

① 罗婷婷. 南海油气资源合作开发合作机制探析. 海洋开发与管理, 2011 (05): 1-7.

第三种是"超国家"机构管理模式。在这种模式下，双方政府各自委派相同数目的代表组成具有法律人格的国际联合管理机构进行勘探开发与管理。该种模式的合作有利于提高合作开发的效率。

第四种混合管理模式。这种模式是将以上各种模式因地制宜地结合运用。该模式一般运用于局势比较复杂的地区，由于受到的影响因素多，运用起来也比较复杂。

针对南海油气资源开发的现状，我们不能简单地选择某种模式，而是要将各种模式结合起来，因地制宜地运用于南海争端的不同情境中。比如，对于南海争议区域中油气资源开发前景良好，具有重大经济利益的核心区域，可以优先考虑采用"超国家"机构管理模式。对于他国已经进行一定规模开采的争议区域，则可以选择运用代理制模式，由他国在该地区继续开采，另一方则按照约定获取部分利益。对于一些存在第三方争议的区域则优先考虑联合经营模式。

(4) 合作开发的监督模式

为了保障共同开发有序进行，我们还可以建立监督委员会或类似的机构。监督事项包括共同开发活动的各个方面，具体监督事项应当在共同开发协定中做出约定。监督委员会的人员可由当事国各派出一名代表，再加上一名中立的国际组织的代表构成。监督委员代表们享有平等表决权，一旦形成多数代表赞成的决定就可对一方当事国具有约束力。被监督的一方当事国应当履行监督决定，做出回应或者改进。如果拒绝监督委员会决定，另一方当事国即可启动争端解决机制寻求救济，以维护己方利益。

(5) 合作开发争端解决程序

对于合作开发进程中出现的各种争端，应依据《联合国海洋法公约》中的争端解决机制及相关协议的规定进行协商解决，对于当事方不能自行解决的争端适用一般强制性法律程序，对特定种类的争端适用强制调解、强制商业仲裁等程序。对于当事方遇到开发合同执行的争端，先协商解决；协商不成则仲裁解决。

5.2 发展海洋力量，加强海上执法力度

近年，越南、印度尼西亚、马来西亚等南海周边国家，纷纷采购先进武器，声称目的是应对南海地区日益紧张的局势。瑞典智库斯德哥尔摩国际和平研究所

（SIPRI）的报告说，2005 年至 2009 年东南亚各国的武器进口比前 5 年约增加了一倍。其中"主张"拥有南沙群岛主权的马来西亚的武器进口骤增 7.2 倍，和中国争夺南沙及西沙主权的越南也向俄罗斯订购了 6 艘潜水艇和其他武器，正在加快海军和空军的现代化建设步伐。越南武器采购自 2011 年至 2015 年增大了近 7 倍，在 2015 年世界武器进口国中排名第 8。印尼和马来西亚也在逐步加强军事建设，加紧购买多型武器装备。南海周边的军备竞赛正在加速提升。

南海是中国实施海洋强国战略的重要区域，我国南海舰队负责包括台湾海峡以南直达曾母暗沙的全部南海海域的防卫与安全，其整体军事实力在三大舰队中是最强的。没有相当的军事实力，中国海军无法有效地保护南沙这片蕴藏着丰富资源的海洋国土。为迅速及时有效地应对突发危机，我国需要大力加强快速反应力量，尤其是重点建设远程航空兵和两栖突击群；需要不断提高远海防卫作战能力，尤其是重点加强以建造航母、新型核潜艇为代表的海军建设；需要适当增加火箭军在南海及其附近海域的力量部署，以提高军事威慑能力；需要继续加强军事科技建设和南沙岛礁扩建工程建设，以提高战场防御能力和持续作战能力。

中国长期奉行独立自主的和平外交政策和坚持睦邻友好合作的方针，海军很少与周边国家直接发生正面武装冲突，在此情况下加强海上执法力量对于维护我国海洋权益有重要意义。现今很有必要进一步整合国内海上执法力量资源，联合有关驻外使领馆形成合力，并逐步完善国家海洋执法方面的法律法规，综合运用外交、海事、法律等各种手段提高海上执法能力和水平。

总之，我国只有积极发展海洋力量，加强海上执法力度，成为真正的海权大国，才能不断增强在南海问题上的发言权，有效应对南海海域突发情况，维护我国在南海的领土主权和海洋权益。

5.3 积极发展海洋油气资源勘探开发技术

合作开发活动中最重要的两大因素，一是资金，二是技术。合作开发活动勘探、开发和生产三个阶段，都离不开两大因素的作用，其中尤以勘探阶段最为明显。勘探作业是合作开发的第一步，也是合作开发实现的决定性的一步。在此之前，特定争议区域石油资源蕴藏情况都只是科学考察结果，该区域是否真的拥有石油资源，以及石油资源的蕴藏量、品质和丰度都需要通过勘探作业来加以确定。勘探作业的风险，不仅体现在勘探区域没有石油蕴藏的资金投入，更体现在勘探区确定有石油蕴藏，通过一定的作业却无法获得石油资源，并在此基础上进一步增加投资成本以期最终获得石油资源。在这种情况下，技术的作用就非常重要。先进的勘探开发技术可以更快地获取石油资源，并大大节省作业成本，这对进行开发的国家来说是非常诱人的。缺乏一定的技术支持，则不可能进行石油资源勘探作业，即便是明确知道某一区域蕴藏丰富石油资源，也只能望"油"兴叹。

合作开发史上就曾经出现过这样的案例。马来西亚和越南达成协议对两国大陆架划定区域的石油资源进行勘探和开发，合作之初，两国分别指定本国国家石油公司参与开发，后来因技术和经济原因，越南国家石油公司无法行使其合作开发的权利，只好将其权利转给马来西亚国家石油公司行使，仅享有一定的收益。南海海域地质构造比较复杂，要在争议区域合作开发石油资源，技术将占据非常重要的地位。先进的油气资源勘探和开发技术将在合作开发活动中发挥重要的作用。反观周边各国在南海争议海域的实际存在和经济开发活动，很多国家都积极吸引外资对争议区域的资源进行勘探、开发，并对岛屿进行抢占和实际控制，而我国在这方面明显处于劣势。但如果我国能够积极发展油气资源勘探开发技术，掌握在复杂地质结构勘探开发石油资源的先进技术，对已经在争议海域开展经济开发活动的国家来说无疑是一个巨大的诱惑。掌握先进勘探开发技术，可以让相关国家更愿意与中国坐下来就合作开发进行谈判，即使其已经在经济开发活动中抢占了先机。

因此，我国要想实现与他国在南海争议区域合作开发石油资源，并在合作开发活动中占据主动，应当积极发展油气资源的勘探开发技术。

5.4 发挥琼雷地区在南海油气资源合作开发中的重要作用

琼雷地区，是指海南省和雷州半岛。在国务院颁布的《关于推进海南国际旅游岛建设发展的若干意见》等文件中，都把海南作为南海资源开发利用和服务的重要基地，这是对海南发展战略的重要定位，也是海南最重要的战略选择。海南省要为国家实施海洋强国战略有所作为，就得在海洋强省建设方面迈出大步伐，关键是要在推进南海资源开发利用上实现战略性转变。要在南海油气资源开发利用中，原油原气输出向油气加工业及化工业发展。为此，海南省应进一步利用好有利的区位优势、资源优势和海上交通优势，努力创造条件，支持和鼓励中海油、中石油、中石化等企业在海南三沙市建成南海油气资源勘探开发基地，采用先进技术，建成一批具有世界一流水平的天然气化工企业和石油加工企业，形成产业集群。建设琼州海峡经济合作区，要把雷州半岛纳入南海开发战略中，将其打造成对接南海维权和油气资源开发的战略后方基地。要抓住中国与东盟自由贸易区实质性推进的时机，发挥海南在南海海上交通管理与保障上的地域优势。

2012年6月21日，中国民政部宣布设立地级三沙市，管辖西沙群岛、中沙群岛、南沙群岛的岛礁及其海域。三沙市人民政府驻西沙永兴岛。在周边国家纷纷觊觎中国岛屿和管辖海域的背景下，三沙市组建政权、包括警备区等机构的相继设立，是中国加强对南海海域及诸岛行政管理和开发的重要步骤，有利于维护南海主权，有利于对周边有不良企图的国家形成威慑。三沙设市是中国海洋战略的一个转折，向外界传递一个信号：中国捍卫海洋权益的决心，让周边国家认识到，如果不与中国合作，中国有实力进行单独开发。

参 考 文 献

[1] 何家雄，胡忠良，麦文，等．综合开发利用南海莺－琼盆地 CO_2 资源促进中海油跨越式发展 [J]．天然气地球科学，2004，04：401－405．

[2] 武强，崔丽静，裴芳．南海边缘大陆架含油气盆地分布及其开发前景 [J]．重庆石油高等专科学校学报，2004，04：1－2＋10－95．

[3] 张波，陈晨．我国南海石油天然气资源特点及开发利用对策 [J]．特种油气藏，2004，06：5－8＋108．

[4] 谢玉洪，王振峰，周家雄，等．多角度同步反演在南海西部气田开发中的应用 [J]．石油天然气学报，2006，01：37－41＋139．

[5] 宋婷，高亨超．界定中日东海合作开发海域的法律问题 [J]．世界经济与政治，2006，04：43－48＋5．

[6] 余民才．论中日东海油气争端的合作开发解决方案 [J]．法学杂志，2006，04：119－122．

[7] 邹秀婷．黑龙江省与俄远东石油天然气合作升级研究 [J]．西伯利亚研究，2006，06：16－19．

[8] 于文金，朱大奎．中国能源安全与南海开发 [J]．世界地理研究，2006，04：11－16．

[9] 刘杰鸣，王世圣，冯玮，等．深水油气开发工程模式及其在我国南海的适应性探讨 [J]．中国海上油气，2006，06：413－418．

[10] 谭蓉蓉．南海深水油气勘探开发成热点 [J]．天然气工业，2009，01：20．

[11] 张凤久．我国南海天然气开发前景展望 [J]．天然气工业，2009，01：17－20．

[12] 薛力．南沙能源开发组织：南海问题的出路 [J]．商务周刊，2009，12：60－62．

[13] 唐家青，惠宁，姚宏彦．中国石油长北气田国际合作开发的管理创新 [J]．现代企业，2009，09：24－25．

[14] 王礼茂，李红强．中国与周边国家在油气领域的竞争与合作及其地缘政治影响 [J]．资源科学，2009，10：1633－1639．

[15] 胡亚西．俄罗斯对韩国的能源外交及前景 [J]．国际资料信息，2009，06：25－28．

[16] 陈泽浦，霍军．海峡两岸南海资源合作开发机制探析——以南海油气资源为例 [J]．中国渔业经济，2009，06：79－84．

[17] 迟福林，李昌邦，陈文，等．南海开发计划与海南战略基地建设——对我国"十一五"规划的建议 [J]．经济研究参考，2005，51：2－9．

[18] 孙清，连琏．中国深水海域油气及相关资源勘探开发进展及关键技术 [J]．中国海洋大

学学报（自然科学版），2005，06：171-174.
[19] 南海开发计划与海南战略基地建设——对我国"十一五"规划的建议（18条）[J]. 太平洋学报，2005，07：18-26.
[20] 杨波. 对外开放中的委内瑞拉石油 [J]. 石油化工技术经济，2005，01：14-19.
[21] 余民才. 中日东海油气争端的国际法分析——兼论解决争端的可能方案 [J]. 法商研究，2005，01：45-52.
[22] 石兴春. 抓住机遇 加快油气难采储量合作开发 [J]. 国际石油经济，2005，02：45-47.
[23] 孔艳杰，隋舵. 海峡两岸合作开发东海、南海油气资源探析 [J]. 学术交流，2008，11：89-92.
[24] 王甲山，张志强. 基于国外合作开发油气资源模式的税费研究 [J]. 辽宁工程技术大学学报（社会科学版），2008，06：586-588.
[25] 高兰. 中日海洋战略视角下的东海油气开发合作 [J]. 世界经济与政治论坛，2008，06：67-74.
[26] 周守为. 南中国海深水开发的挑战与机遇 [J]. 高科技与产业化，2008，12：20-23.
[27] 舒小昀. 北海油气资源开发模式 [J]. 海洋开发与管理，2008，02：61-64.
[28] 中日签约合作开发东海油气田 [J]. 海洋世界，2008，07：6-9.
[29] 吴洁. 国际海洋与海洋专属经济区权益维护研究 [J]. 地域研究与开发，2007，01：54-57.
[30] 于文金，邹欣庆，朱大奎，等. 南海开发与中国能源安全问题研究 [J]. 地域研究与开发，2007，02：6-10.
[32] 宋玉春. 活跃的东南亚及中国油气勘探开发 [J]. 国际石油经济，2007，03：59-62.
[32] 胥永杰. 油气合作开发的实践与展望 [J]. 天然气工业，2007，05：143-145.
[33] 马博. 审视南海岛礁建设法理性问题中的三个法律维度 [J]. 法学评论，2015，06：45-49.
[34] 梁海云，刘鸣，谢波，等. 资源、经济与政治：萨哈林油气项目全景式扫描 [J]. 国际石油经济，2007，06：20-26.
[35] 何力. 东海油气资源开发的法律问题——日本的动向与我国的对策 [J]. 上海财经大学学报，2007，03：26-33.
[36] 张霆军. 黑龙江省对俄油气合作对策研究 [J]. 学术交流，2007，06：117-119.
[37] 周延丽，王兵银. 俄罗斯与独联体国家油气纠纷透视 [J]. 俄罗斯中亚东欧研究，2007，05：44-48.
[38] 潘建纲. 南海油气资源及其开发展望 [J]. 海洋开发与管理，2002，03：39-49.
[39] 李金明. 南沙海域石油开发与主权纷争 [J]. 南洋问题研究，2002，04：39-48.
[40] 张莉. 论我国南海资源的特点及开发利用对策 [J]. 湛江海洋大学学报，2002，02：13-17.

[41] 李靖宇, 韩瑜. 开创中俄两国经贸合作新局面的对策 [J]. 财经问题研究, 2002, 11: 27-30.

[42] 邱兆锋. 中国海疆油气: 尴尬的国际合作 [J]. 南风窗, 2010, 02: 78-80.

[43] 李金明. 南海问题的最新动态与发展趋势 [J]. 东南亚研究, 2010, 01: 35-41.

[44] 李金明. 南海风云: 动态与趋势 [J]. 世界知识, 2010, 11: 14-20.

[45] 张望平, 侯代悦. 中日东海大陆架划界中的关键问题论析 [J]. 广西政法管理干部学院学报, 2010, 04: 35-39.

[46] 刘锋. 天然气水合物诱因的海洋油气开发工程灾害 [J]. 国际石油经济, 2010, 09: 63-67.

[47] 苏文, 余正伟. 委内瑞拉油气资源投资整体评价 [J]. 中外能源, 2010, 10: 12-17.

[48] 郭建宇, 张申, 保吉成, 等. 对中石油中标伊拉克油田服务合同的思考 [J]. 西南石油大学学报（社会科学版）, 2010, 05: 13-16.

[49] 毕新忠, 郑言. 油气开发走向深海 [J]. 中国石化, 2010, 08: 49-51.

[50] 唐家青, 惠宁, 姚宏彦. 基于全方位创新的大型低品位油气田开发与管理 [J]. 科技进步与对策, 2010, 19: 134-138.

[51] 刘锋. 南海油气资源开发与合作 [J]. 新东方, 2010, 06: 20-23.

[52] 刘光鼎. 中国海油气资源的勘探与开发 [J]. 海洋地质与第四纪地质, 1986, 04: 1-8.

[53] 肖祖骐. 起步中的中国海洋石油开发 [J]. 油田地面工程, 1987, 04: 50-52.

[54] 温琳, 苏文. 南海深水油气开发与海南国际旅游岛建设 [J]. 中国矿业, 2011, S1: 207-210.

[55] 罗婷婷. 南海油气资源合作开发合作机制探析 [J]. 海洋开发与管理, 2011, 05: 1-7.

[56] 夏启明, 唐春梅, 杜玉明, 等. 俄罗斯新一轮私有化及其对中俄油气合作的影响——以俄油与BP股权互换为视角 [J]. 国际石油经济, 2011, 05: 70-74.

[57] 苏俊, 罗宁, 程玮东, 等. 对华北油田公司未来发展的战略思考 [J]. 国际石油经济, 2011, 05: 86-90.

[58] 苏文. "深水大庆"开发与南海整体战略 [J]. 新东方, 2011, 02: 7-10.

[59] 何苗. 南沙群岛海域油气资源合作开发的现实分析 [J]. 学术探索, 2011, 04: 12-16.

[60] 胡德坤, 杜婧文. 二战后海洋油气资源勘探开发中的国际合作与争端研究 [J]. 武汉大学学报（人文科学版）, 2011, 05: 98-103.

[61] 安应民, 蒋涛. 我国南海争议区域油气资源合作开发问题及其模式选择 [J]. 新东方, 2011, 04: 28-32.

[62] 曾军, 彭政, 严鑫. 云南省与越南矿产资源开发合作机制研究 [J]. 东南亚纵横, 2011, 10: 50-54.

[63] 鞠海龙. 文莱海洋安全政策与实践 [J]. 世界经济与政治论坛, 2011, 05: 55-64.

[64] 王丽勤, 侯金林, 庞然, 等. 深水油气田开发工程中的基础应用探讨 [J]. 海洋石油, 2011, 04: 87-92.

[65] 安应民. 论南海争议区域油气资源合作开发的模式选择 [J]. 当代亚太, 2011, 06: 123 - 140.

[66] 张本. 海南海洋资源与开发 [J]. 世界科技研究与发展, 1998, 04: 106 - 110.

[67] 张鸣治. 中国海洋石油工业的发展战略 [J]. 中国海上油气. 工程, 1998, 01: 37.

[68] 范业正. 澜沧江—湄公河次区域能源分布及配置 [J]. 地理学报, 1999, S1: 110 - 118.

[69] 陈韶阳. 南沙群岛价值分类评价和开发策略研究 [D]. 青岛:中国海洋大学, 2011.

[70] 姜秉国. 中国深海战略性资源开发产业化发展研究 [D]. 青岛:中国海洋大学, 2011.

[71] 戴旭. 开发南海应全面布局 [J]. 商周刊, 2012, 11: 22 - 23.

[72] 公衍芬, 杨文斌, 谭树东. 南海油气资源综述及开发战略设想 [J]. 海洋地质与第四纪地质, 2012, 05: 137 - 147.

[73] 康拜英. 关于海南开发南海油气资源的若干问题与建议 [J]. 新东方, 2012, 05: 16 - 21.

[74] 王清印, 刘世禄, 王建坤. 切实维护我国南海渔业权益的战略思考 [J]. 渔业信息与战略, 2012, 01: 12 - 17.

[75] 刘荆洪, 陈水雄. 制定南海发展战略 加快南海区域开发 [J]. 今日海南, 2012, 10: 34 - 35.

[76] 张丽娜. 南海油气资源合作开发的主体适格性 [J]. 法学杂志, 2012, 11: 107 - 111.

[77] 王佩云. 中国南海油气开发与主权维护 [J]. 国际石油经济, 2012, 10: 108.

[78] 潘艺心. 对中印能源合作的战略思考 [J]. 国际石油经济, 2012, 10: 42 - 45.

[79] 柳思思. 中国与北非阿拉伯国家深水能源开发战略设计 [J]. 阿拉伯世界研究, 2012, 06: 105 - 118.

[80] 胡文瑞. 我国非常规天然气资源、现状、问题及解决方案 [J]. 石油科技论坛, 2012, 06: 1 - 4 + 69.

[81] 许浩. 南海争议区油气资源合作开发的战略构想 [J]. 太平洋学报, 2012, 09: 77 - 86.

[82] 曾加, 魏欣. 中日东海油气资源合作开发中的争端解决 [J]. 山东科技大学学报(社会科学版), 2012, 04: 34 - 42.

[83] 张振国. 海洋石油工业的现状和前景 [J]. 海洋技术, 1994, 04: 71 - 74.

[84] 张虎男. 南海北部地质灾害对油气勘探开发的影响 [J]. 中国海上油气. 地质, 1994, 04: 40 - 47.

[85] 姚长保. 南海北部大陆架西区油气勘探开发概况及勘探潜力 [J]. 中国海上油气. 地质, 1994, 06: 50 - 58.

[86] 蔡鹏鸿. 合作开发有争议海域之思考 [J]. 战略与管理, 1994, 05: 44 - 49.

[87] 许浩. 南海油气资源共同开发的现实困境与博弈破解 [J]. 东南亚研究, 2014, 04: 15 - 21.

[88] 赵媛. 南海油气田资源开发的法律研究 [D]. 重庆:西南政法大学, 2011.

[89] 高坤. 中日东海海权之争 [D]. 重庆:西南政法大学, 2011.

[90] 任珂瑶. 南海问题上的利益冲突与中国的战略选择 [D]. 苏州：苏州大学，2011.

[91] 高妮. 南海划界纠纷中维护我国海洋权益问题的研究 [D]. 青岛：中国海洋大学，2009.

[92] 李东超. 欧盟在中亚地区的能源政策及其对中国的启示 [D]. 上海：华东师范大学，2010.

[93] 万雪. 伊朗石油资源研究 [D]. 重庆：西南大学，2010.

[94] 史忠辉. 国际法视野下中日东海油气资源的合作开发 [D]. 上海：华东政法大学，2009.

[95] 于金翠. 论澳大利亚和东帝汶关于帝汶海海洋划界和资源争端的解决 [D]. 北京：外交学院，2010.

[96] 任强. 海洋石油开发油污损害中的国家赔偿责任探究 [D]. 北京：中国政法大学，2011.

[97] 刘雅馨，钱基，熊利平，等. 我国深水油气开发的必要性与可行性分析 [J]. 中国矿业，2013，03：45-48.

[98] 葛红亮，鞠海龙. 南中国海地区渔业合作与管理机制分析——以功能主义为视角 [J]. 昆明理工大学学报（社会科学版），2013，01：18-26.

[99] 刘云亮. 促进南海资源开发和服务基地建设的法律思考 [J]. 新东方，2013，01：14-19.

[100] 马志荣，林苏红. 南海资源开发与岛屿管理政策建议 [J]. 开放导报，2013，01：29-31.

[101] 刘雅馨，钱基，熊利平，等. 我国深水油气开发所面临的机遇与挑战 [J]. 资源与产业，2013，03：24-28.

[102] 张丽娜. 南海海权之争对南海油气资源开发的影响 [J]. 河南财经政法大学学报，2013，03：146-150.

[103] 居占杰，李平. 南海油气资源开发研究——基于石油安全的视角 [J]. 技术经济与管理研究，2013，10：101-105.

[104] 张丽娜. 南海争议海域油气资源合作开发的困境与出路 [J]. 海南大学学报（人文社会科学版），2013，04：13-20.

[105] 毛汉英. 中国与俄罗斯及中亚五国能源合作前景展望 [J]. 地理科学进展，2013，10：1433-1443.

[106] 刘怡. 南海能源开发与主权纷争 [J]. 现代舰船，2007，06：9-13.

[107] 张荷霞，刘永学，李满春，等. 南海中南部海域油气资源开发战略价值评价 [J]. 资源科学，2013，11：2142-2150.

[108] 恽才兴，黎树式，戴志军. 新时期中越友好合作的新模式 [J]. 世界地理研究，2013，04：35-41.

[109] 赵亚博，方创琳. 中国与中亚地区油气资源合作开发模式与前景分析 [J]. 世界地理

研究，2014，01：29-36．

［110］李金蓉，朱瑛，方银霞．南海南部油气资源勘探开发状况及对策建议［J］．海洋开发与管理，2014，04：12-15．

［111］徐质斌．南海特色资源的开发［J］．海洋开发与管理，2001，03：10-13．

［112］孙炳辉．合作开发海洋资源法律问题研究［D］．北京：中国政法大学，2000．

［113］杨彬．中国石油企业海外油气开发项目风险识别与控制研究［D］．哈尔滨：哈尔滨工业大学，2010．

［114］华磊．中国南海政策的政治学分析［D］．西安：陕西师范大学，2006．

［115］常明霞．论海洋油气资源的合作开发在国际法中的法律基础［D］．北京：中国政法大学，2005．

［116］王传惠．中国-伊朗合作开发伊朗石油天然气资源研究［D］．重庆：西南师范大学，2005．

［117］罗海珍．南海争端解决模式比较研究［D］．北京：北京大学，2005．

［118］宋婷．对中日东海大陆架合作开发问题的研究［D］．青岛：中国海洋大学，2006．

［119］张式锋．关于深化上海合作组织能源合作的初步探讨［D］．青岛：中国海洋大学，2006．

［120］李皓东．运用"搁置争议，合作开发"原则解决中日海洋权益争端的探讨［D］．青岛：中国海洋大学，2006．

［121］任亚先．中日东海争端与中国海洋权益［D］．上海：华东师范大学，2007．

［122］许利平．中国与周边命运共同体：构建与路径［N］．北京：社会科学文献出版社，2016．

［123］陈小沁．能源战争——国际能源合作与博弈．北京：新世界出版社，2015．

［124］张洁．中国周边安全形势评估："一带一路"与周边战略［N］．北京：社会科学文献出版社，2015．

［125］杨翠柏．南沙群岛主权结论研究［M］．北京：商务印书馆，2014．

［126］安应民．南海安全战略与强化海洋行政管理［M］．北京：中国经济出版社，2016．

［127］王历荣．中国和平发展的国家海洋战略研究［M］．北京：人民出版社，2014．

［128］William T. Onorato: "Apportionment of an international common petroleum deposit". 16ICLQ342, 1977.

［129］Lagoni R. Oil and deposit across national frontier. AJLL, April 1979, l73 (2): 215.

［130］Miyoshi M. The basic concept of joint development of hydrocaruon resources in the continental shelf. (1988) 3In L. J. of Estuarine Coastal Law, P. 50.

［131］CATLEY B, KELIAT M. Spratlys. The dispute in the south china sea. Great Britain, Biddles Limited, 1997.

［132］Zhi Guogao. The legal concept and aspects of joint development in international law // Ocean Yearbookl3. Chicago: The University of Chicago press, 1998: 112.

[133] Lagoni R. Oil and gas deposit across national frontiers. American Journal of International Law, 1979 (4): 73.

[134] Lagoni R, Oil and gas deposit across national frontiers. American Journal of International Law, 1979 (4): 215.

[135] Taverne B. An introduction to the regulation of the petroleum industry. graham&trot man, 1994: 114.